雪漠说老子：

让孩子爱上《道德经》

【第一辑】

雪漠 —— 著

中国 友谊出版公司

图书在版编目（CIP）数据

雪漠说老子：让孩子爱上《道德经》/ 雪漠著.--
北京：中国友谊出版公司，2022.7
　ISBN 978-7-5057-5525-3

　Ⅰ.①雪… Ⅱ.①雪… Ⅲ.①《道德经》–青少年读
物 Ⅳ.①B223.1-49

中国版本图书馆CIP数据核字（2022）第120229号

书名	**雪漠说老子：让孩子爱上《道德经》**
作者	雪漠
出版	中国友谊出版公司
发行	中国友谊出版公司
经销	北京时代华语国际传媒股份有限公司　010-83670231
印刷	河北鑫兆源印刷有限公司
规格	690×980毫米　16开
	17.5印张　160千字
版次	2022年7月第1版
印次	2022年7月第1次印刷
书号	ISBN 978-7-5057-5525-3
定价	69.80元
地址	北京市朝阳区西坝河南里17号楼
邮编	100028
电话	（010）64678009

第一章

留下"道"来，便放你出关

1. "道"是什么 / 006
2. 无中生有的"魔术师" / 008
3. 看穿变化的玄妙 / 013

第二章

世上有绝对的事物吗？

1. 善恶与美丑 / 023
2. 有无相生 / 026
3. 圣人是怎么做事的 / 030

第三章

歇歇心，无须追逐

1. 欲念方起，民心已乱 / 040
2. "民"即是自心 / 043
3. 圣人之治 / 046
4. 无知无欲 / 048

第四章

平静如深渊，平凡如尘埃

1. 道冲显万相 / 055
2. 和光同尘 / 058

第五章

在一叶一花中，默然起舞

1. 圣人以万物为刍狗 / 064
2. 天人合一 / 066
3. 天地像个大风箱 / 067
4. 多言无益，不如守"中" / 070

第六章

万物的母亲

1. 大道不死 / 075
2. 道乃天地之根 / 077
3. 绵长的呼吸 / 081

第七章

小私和大私

1. 何谓圣人 / 088
2. 因不自生，故能天长地久 / 091
3. 退其后，德显前 / 094
4. 外其身，反而长生 / 097
5. 因其无私，故能成其私 / 098

第八章

做水一样的君子

1. 上善若水，处恶不争 / 105
2. 圣人如水 / 108
3. 水之七德 / 111

第九章

月圆之后有什么？

1. 过犹不及，默默转身 / 117
2. 在谦卑中慢慢生长 / 120
3. 雕栏玉砌今何在 / 122
4. 财富用在何处 / 125
5. "退"的智慧 / 126

第十章

弱小的婴儿有另一种强大

1. 修气至柔，成就婴儿之身 / 130
2. 有智慧，故能看清；无执，故能包容 / 131
3. 怎样达到"玄德"的境界 / 133

第十一章

没有用处的用处

1. 看似无用的大用 / 141
2. 留白天地宽 / 143
3. 一空生万有，心空容万物 / 144
4. 因为虚心，才能容纳 / 147

第十二章

花花世界，从容应对

1. 为什么要出离 / 153
2. 圣人如何修定 / 156

第十三章

得宠了？受辱了？

1. 片片宠爱意，隐隐受辱心 / 163
2. 如爱身般爱天下 / 166
3. 消除分别心，宠辱随风飘 / 168

第十四章

看不见、听不到、摸不着

1. 在"视听搏"中感悟道 / 172
2. 超脱纷繁，混元为一 / 175
3. 斩断红尘累，怡然赏佳音 / 177

第十五章

世上最可爱的人

1. 像猴子一样谨慎小心 / 183
2. 保持距离又贴心贴肺 / 185
3. 智者的另外四种德行 / 187
4. 智者的四种能为 / 190

第十六章

静下来，会发生什么

1. 虚静笃 / 195
2. 在红尘中寻找那唯一的永恒 / 197
3. 人如何才能做到宽容 / 201

第十七章

高手的管理秘诀

1. 以道治国，春风化雨 / 207
2. 以德治国，感动民心 / 208

3. 刑法治国，威慑人心 / 210

4. 教育的四种境界 / 211

5. 人格修炼的五种境界 / 214

第十八章

物以稀为贵

1. 不该提倡仁义、智慧和忠孝吗 / 221

2. 小孝孝于庭闱，大孝孝于天下 / 224

第十九章

想得少，容易快乐

1. 谋士的智慧和阿斗的智慧 / 233

2. 为什么说"道法自然" / 235

3. 老子是怎么让心属于他自己的 / 236

4. 从零到零的哲学 / 239

第二十章

不一样的我

1. 毁誉如幻，但人言可畏 / 245
2. 淡泊如不懂事的婴儿 / 248
3. 不敢为天下先 / 249
4. 我本愚人，而贵食母 / 251
5. 化为泥土，任世人践踏 / 254

第二十一章

不可说的"恍惚" / 259

后 记

最美的人生答卷 / 263

第一章

留下"道"来，便放你出关

　　道可道，非常道。名可名，非常名。无，名天地之始；有，名万物之母。故常无，欲以观其妙；常有，欲以观其徼^①。此两者同出而异名。同谓之玄，玄之又玄，众妙之门。

---

　①　徼（jiào）：边界。

孩子们，你们知道什么是"道"吗？我这里所说的"道"，可不是林荫大道的"道"，也不是道路的"道"，那这个"道"究竟是什么呢？

这个问题自古以来就有无数人在追问，可是知道它的人，仍然寥寥①无几。它最早是由老子提出来的。你们可别误解，这里的"老子"可不是有些爸爸自称的那个"老子"。我们这里所说的老子，是中国两千多年前的一位智慧老人。说到这里，你们脑海中，是不是就会立马浮现出一个白眉白发、长着长长的白胡须的老爷爷呢？

下面我们就来认识一下这位了不起的智慧老人。

老子，名叫李耳，他生活的时代距今约两千多年，那时候正是周王朝走向衰微的时期。虽然周王朝最终灭亡了，但它仍是个

---

① 寥寥（liáoliáo）：形容非常少，没有几个。

非常了不起的朝代，它在中国历史上延续了近八百年的时间。老子是做什么工作的呢？他在国家图书馆中管理图书。虽然他有一肚子的学问和智慧，可是他从不显摆，非常低调，始终认认真真地做好自己的本职工作。他年纪大了的时候，周王朝渐渐衰微，很多诸侯都不再听从周天子的话了。老子预感到天下将要发生很大的变化，他的智慧让他早早地看穿了一切，所以他不想参与其中，就准备离开家，西行去过隐居的生活。

于是，他骑着一头青牛，一路走啊走，一直走到函谷关，遇到了一个人，因为这个人的求教，老子才提出了"道"。而向老子求教的这个人，也非同一般，他叫尹喜，此人生性淡泊，会观天象，当时是函谷关的关令。那你们又好奇了吧？关令是什么意思呢？我告诉大家，关令是春秋时期边关的一种职务名称，主要掌守边关，稽查^①过往行人，以此来确保国家边境的安宁。

有一天，尹喜观天象时，看到从东方冉冉而来一团紫气，他就断定这里要来贵人了。为什么呢？原来，在古代中国，人们认为看见紫气是非常吉祥的兆头，紫气东来，就意味着有贵人将至。于是，第二天，尹喜沐浴更衣，早早地候在了关口。果不其然，就在他急切的等待中，远远看到一位长须飘飘的老者，骑着一头青牛，身披万丈霞光，慢慢悠悠地向他走来。看到这一幕，尹喜激动啊。函谷关在当时很偏远，平常也不会有什么人来，而且眼见这老者的气度和风范都很非凡，他再次坚定了自己的判断——

---

① 稽查（jīchá）：检查、盘查。

这位老者，一定就是自己要等的那个人，他一定有着盖世无双的学问和超拔绝伦的智慧。尹喜心中禁不住狂喜。你们可能会感到疑惑，一个人的学问难道还能看出来不成？当然了，一个人读不读书，读了多少书，读了些什么书，都能从他的气质上反映出来。要不，古人怎么会说"腹有诗书气自华"呢？一个人的气质里一定藏着他读过的书。一个博览群书的人，自然气宇轩昂，谈吐不凡。不信，你看，那个白胡子老爷爷的每根胡须里，都藏着许多的智慧呢！

在古时候，人们出关相当于今天的出境，也要接受询问和检查。尹喜欣喜地迎上前去，毕恭毕敬地拦住了老者，并对他说知道他要归隐，他这一西去，怕是再难见着了，请老者给人们留下点东西来。老子看这关令很有礼貌，说话也格外谦卑、随和，大不同于其他的关令，就问他想要什么。尹喜听了，满脸都是难以掩饰的喜悦，就说想要和老者一样的智慧。老子默而不答，沉思片刻，说："哎呀，你问的这个东西，不好说呀。再说，老夫也不一定能给你说清楚。"尹喜听了，便说，即使说不清楚也请说点啥吧，总比啥也不说好，说了至少人们还能有个学习的门路。

老子就说好吧，那就说一些，能不能听得懂，看造化啦。

于是，老子就在函谷关停下了西行的脚步，在此逗留了一些时日，留下了举世无双的老子"五千言"，这就是一直流传到今天、广传于世的智慧经典《道德经》。

1. "道"是什么

道可道，非常道。名可名，非常名。

老子到底给尹喜留下了哪些智慧呢？尹喜到底有没有听懂老子的话呢？尹喜有没有听懂，我们是不知道的，但是，雪漠爷爷是懂老子的。如果你们也想知道他的心事，就好好听我后面的话。

老子首先说的就是："道可道，非常道。名可名，非常名。"这是什么意思呢？就是说，这个道啊，没有人能说出它具体是什么样子。它有多大或是多小，它是什么形状，长的还是短的，方的还是圆的，什么颜色，统统都说不出来。它可能是无穷大，也可能是无穷小。如果你能说清它是什么样子，那它就不是"道"了。怎么样，是不是听着像绕口令呢？老子是在逗人们玩吗？

当然不是，这不能怪老子，因为"道"原本就是很难形容的。在你们的生活中，不是也经常有类似的体验吗？比如，你的爸爸妈妈满足了一个你期待了很久的心愿，你觉得开心得不得了，那种开心的感觉你能形容出来吗？也许你会说"开心得要飞起来了"，可是听到的人还是体会不到你到底有多开心。真正的"道"也是这样。你可以用很多词语去描述它、形容它，可任你说得如何天花乱坠，这些词语都不是"道"本身。

给你们讲一个有趣的小故事。今年五月，武威雪漠书院项目启动，我回老家凉州待了十多天。其间，为了抢救当地的贤孝文化，我和学生们连续几天到贤孝盲艺人的家里采访，用影像保留了他们的部分艺术表演和一些生活状态。其中一位老艺人家里有两只非常可爱的小狗，它们通身黑漆漆的毛，一丝杂色都没有。学生们很喜欢，建议买下来，养在书院里看守门户。于是，我们就买回了那两只小黑狗。随后，关于给小狗起什么名字，大家好一番思量。有人建议叫"武武"和"威威"，还有人建议说，干脆就叫"武威"和"凉州"好了，表示与武威和凉州的缘分。结果，我母亲说，这样不好听，叫"凉凉"和"州州"吧，听起来，既顺口，又亲切。因为凉州人起小名，大都喜欢用叠词。这时，又有朋友提出来，用地名容易惹人误会，既然是看家护院的，就叫"大护"和"二护"吧。到最后，也没个定论，各人叫各人喜欢的。我讲这个小故事，是什么意思呢？那两只小狗就是两只小狗，不管我们给它们起了什么名字，起了多少名字，那些名字是不是它们呢？都是，又都不是。

这就像你们的名字一样，你们不也是有好几个名字吗？在家里，爸爸妈妈会称呼你的乳名——也就是我们说的小名，一般都很可爱亲昵；在学校，老师同学又会叫你的学名——也就是我们说的大名；除此之外，同学们还有可能会给你起个有趣的外号。虽然所有这些名字都是用来形容你、指代你的，可它们仅仅是个代号，并不是你自己。

更何况，在天地初始、一片混沌的时候，是没有语言的。也就是说，当我们还没有语言去形容"道"的时候，"道"就已经存在了。在语言产生之后，我们就把语言作为工具，去表述"道"，去述说"道"的一个最基本的特性。那么，"道"的最基本特性又是什么呢？

2. 无中生有的"魔术师"

无，名天地之始；有，名万物之母。

这个最基本的特性就是"道"生出了万物，它是万物的源头，世上的万事万物，都由它而来。也许你的小脑瓜里又有新问题了，那万物产生之前又是什么？老子是这么说的："无，名天地之始；有，名万物之母。"意思是：万物产生之前，道的状态叫作"无"；万物生出来之后，道的状态叫作"有"。也就是说，无和有，都是"道"，就像冰和水都是水，只是它们的形态不同。

有的孩子听了，感觉自己茅塞顿开，觉得"哦，原来'无'就像被我吃得空荡荡的糖果盒子一样，里面空空的，什么都没有呀"。其实不是，装糖果的盒子看上去空空的，只是因为糖果被吃光了。但没有了糖果，那盒子里面就没有其他东西了吗？有没有你的眼睛看不到的东西呢？你们都知道在吃东西之前要先洗手，因为手上有看不见的细菌。同样，盒子里的糖果虽然没有了，但盒子里还有其他一些你看不到的东西呀。

再比如说，当你们仰头看天上的月亮和星星的时候，是不是很好奇，那永远也不知疲倦地眨巴着眼睛的星星是从哪里来的？中国的神话当中，有盘古开天辟地的故事，如果天地万物是盘古用一把斧子劈出来的，那盘古又是从哪儿来的呢？西方人说世间万物都是由上帝创造的，那上帝又是谁创造的？如果是他造出了人类，那么构成上帝造人的原动力又是什么呢？人类最早的一个细胞是如何出现的？其原动力又从何而来？宇宙间有那么多星体，星体上有那么多事物，尤其是在我们生存的地球上，有那么多的物种，那么，这些东西最初的那个细胞是如何产生的？当你一步步地追问下去，就会发现，无穷无尽。任何从无到有的东西，都有一个源头，它是产生万物的原动力，但它究竟是什么呢？

这些问题，人类很早就开始追问了，人们把问这些问题并寻找答案的人，称为哲学家或者科学家。很多科学家都在寻找宇宙的原动力。比如牛顿，他找到了三大定律，但一直到晚年，他都没有找到原动力的答案。现在很多科学家，也在找宇宙中最小最基本的粒子，可是也没能找到。那么这个力量到底源自何方呢？在老子看来，这力量就源自这个"道"。老子说："道生一，一生二，二生三，三生万物。""道"就是宇宙的原动力，它无处不在，并且生生不息，我们随时都可以感受到它的力量。比如，

你爱吃的那些零食，如果打开包装，过不了多久就会坏掉；还有水果，就算放到冰箱里，超过一定的时间，仍然会腐烂。我们人体也是这样，就算爸爸妈妈给你提供最好的保护，你也会长大，会衰老。那么，是什么力量促成了这些变化的产生呢？

老子一开始就提出了这个问题，他告诉尹喜"道"是什么。他说，你不要用道理去解释"道"，因为，你虽然可以解释它，就像你可以用各种概念来表达各种存在，但你的表达不是本来的那个东西。你叫水的那个东西是不是水？是，也不是。当下它可能是水，但是气温一旦升高，它就会蒸发。再比如，把一粒种子丢在土里，只要有适宜的湿度和温度，它就会生根、发芽。在我

的家乡西部,沙漠里原本有好多的海子(一些地方对湖泊的称呼),但后来它们都消失了,因为里面的水变成了气。变成气之后,它们就升到天上去了。但过上一段时间,它们又会因为高空的低温再形成雨降落下来。如果高空的气温足够低,它们还会变成固态的雪花、冰雹降落下来。这时,它们就不一定形成海子了,它们过去的形态消失了。那时,你怎么概括这些呢?所以,所有你称为"什么什么"的东西,它都在变化着,而变化的那个东西就是老子所说的"名"。那么,促成这种变化的那个本体,是不是就是老子说的"道"呢?

我们再来说说"无中生有"。你也许已经学过这个成语了,

老师是不是这么跟你解释的：无中生有就是把没有的说成有，比喻凭空捏造。那么，我们能够凭空捏造吗？比如，零加零加零再加零等于多少？等于零。零乘以无数的零等于多少？还是等于零。再多的零都不可能生成一。换句话说，再多的虚无，也不可能生一个"有"来。但是在老子这里，"无"中却能生出"有"来，这又是什么缘故呢？原来呀，老子说的"无"和我们文字意义上的"无"是不一样的。所以，这里，我想请你们先把文字意义的表述放到一边，这样才能理解老子说的"无"。

就像我们前面列举的那个糖果盒子的例子，在我们的眼里，它是空空的，但事实上，它里面的内容很丰富，既有细菌，也有无形的道的力量，时间长了，这个力量也许会让糖果盒子生锈，或者让它褪色、变形，或者里面还会生出很多小虫子来。总之，有各种各样的可能性，这些可能性就是老子所说的"无"。所以，"道"就像是个伟大的魔术师，他在帽子里藏了很多你看不到的东西，那就是"无"；而当他从帽子里拿出一些东西来，让你看到了，这就是"有"。与一般的魔术师不同的是，这个魔术师帽子里的东西是永远也拿不尽的，而且他拿出来的东西，还会再变回去，这就是物理学中说的物质守恒定律和能量守恒定律。

这样，你是不是就明白了呢？原来"无"和"有"是道的力量所操控的两种不同状态：一个是"藏"起来的，一个是显示出来的。而且"无"和"有"之间还是互相转化、互相循环的，"无"中能生"有"，"有"又能回到"无"。

3. 看穿变化的玄妙^①

故常无，欲以观其妙；常有，欲以观其徼。此两者同出而异名。同谓之玄，玄之又玄，众妙之门。

有一位摄影师对摄影很痴爱，他花了好多年的时间，蹲在同一个地方，用同一个角度去拍同一个景物，比如同一棵树、同一座山、同一片天空或同一个湖泊，最后他发现，洗出来的照片没有一张是重复的。为什么？因为风景时刻都在变化着。

你们从出生到现在，肯定也有很多照片，看那些照片的时候，你们有没有觉得很神奇呢？一个小小的婴儿长成现在这么大。再往前推，其实，我们每一个人最初都是爸爸的一个精子和妈妈的一个卵子结合在一起的一个受精卵。这就是生命的力量，也是"道"的力量。还有你们的爷爷奶奶，当他们翻看年轻时的照片时，是不是会一边欣赏一边感慨呢？他们会说，"想当年，爷爷还是运动健将呢！"或者，"想当年，奶奶比电影明星还好看呢！"他们也许会觉得时间的变迁太令人感伤。实际上，并不是时间改变了一切，而是"道"的力量，是"道"在推动着万物的变化，形成了时间流动的感觉。所以，你们在花盆里种下的种子，会发芽，会长大，会开花；你们养的小宠物，也会陪着你们一起长大。你们观察大自然的变化，看太阳的东升西落，看月亮的阴晴圆缺，

---

① 玄妙（xuánmiào）：复杂而深奥，难以捉摸。

看树木的四季荣枯，就是在观察"道"是怎么变魔术的。你们幼小纯真的心灵，还保存着无穷尽的好奇心，还没有像很多大人那样，对身边自然界的变化熟视无睹；所以，你们更容易发现"道"在玩什么游戏，更容易理解我所说的这一切，也更容易和我一样，懂得老子的心。

现在，我们继续观察这个被称为"道"的魔术师。当他把东西都藏在他的帽子里时，就是"无"的状态。你不知道帽子里会有些什么，但你现在已经能确定，这个帽子很古怪，很玄妙，它会变出好多东西来，此刻它里面正在进行不可思议的魔法创造呢。等到创

造好了，就会有东西从帽子里变出来。于是，你就坐在时间的长河边等待。忽然，帽子里飞出来数不尽的各种各样的东西，让你眼花缭乱！这就是"有"的状态。现在，我就要告诉你们，当你去认真观察这些飞出来的东西时，它们看上去虽然杂乱无章，但只要你观察得足够久、足够细心，你就会发现它们是有规律的。比如它们从帽子里飞出来之后，是如何继续变化的？它们的运动轨迹是什么？多久之后，它们才又回到了帽子里？通过观察它们，你就观察到了"道"。

所以，不论那个能把东西藏起来的帽子如何变化，无论从帽子里飞出来什么东西，所有这些，都是"道"这个魔术师的把戏。而让你看不到东西的"无"和让你看得到各种各样东西的"有"都是"道"，只不过它们是"道"的两个不同的名字而已。

现在，你看了魔术师的表演之后，是不是觉得他特别神奇？"道"就是这样的魔术师，他用"无"和"有"变出了无穷无尽的东西，你的眼睛都快看不过来了。但是你很快就会发现，这个魔术师变来变去，充其量也就只有三把刷子：第一把刷子，就是把东西藏在帽子里，在里面捣鼓，不让你知道他在捣鼓什么；第二把刷子，就是把帽子里捣鼓好的东西"呼啦"一下放出来，让你目不暇接①，让你觉得真神奇，感慨这个魔术师的伟大；第三把刷子，就是让这些变出来的东西，继续变化，一直变到重新回到帽子里，然后魔术师再把它们捣鼓一番，改头换面，等着下一

---

① 目不暇接（mùbùxiájiē）：形容东西太多，眼睛看不过来。

次给你变出新东西。

　　好玩吧？"道"这个魔术师，就这样一会儿"无"，一会儿"有"，变着戏法逗人们玩。好多大人都被他的戏法迷惑了，他们看着"道"变出来的无穷无尽的东西，就觉得"道"很复杂。现在，你们知道了"道"变魔术的把戏，还会认为它复杂吗？

第二章

世上有绝对的事物吗？

原文

天下皆知美之为美，斯恶已；皆知善之为善，斯不善已。故有无相生，难易相成，长短相形，高下相倾，音声相和，前后相随。是以圣人处无为之事，行不言之教。万物作焉而不辞，生而不有，为而不恃（shì），功成而弗居。夫唯弗居，是以不去。

孩子们，你们觉得这世上有绝对的事物吗？比如，一个绝对的、人人都说好的人，一个绝对大的苹果，一幅绝对美的图画，有没有？我所说的"绝对"，是指一个事物在某一方面的特点达到了无可替代的地步。你们觉得会有这样的事物吗？

在这一章中，老子就讲了这个问题。他认为，所有的事物都是相对的。那么，这个相对又是怎么来的呢？它是比较而来的，不比较，就没有大小、高矮、方圆、长短等概念。你们明白了吗？

我的很多读者知道我的成名作《大漠祭》写了十二年，很多人就认为，那么漫长的写作过程，一定很苦吧。其实，若说苦，也是一开始写的时候。那时，我对自己有各种要求，我期待的自己与当时实际的自己总是有很大的差距。我希望写出大作品，希望能表达出我想表达的东西，可许多时候，我是心中有话却无从倾吐的。后来，随着我不断地学习和训练，我的写作，就像流水一样顺畅自然了。这时候就没有苦，只有那灵魂自由流淌的感觉

了，特别地酣畅淋漓[1]。那你们想想，我的写作到底是苦还是不苦呢？

再比如，有记者在采访我时，知道了我小时候的一些情况，觉得我连肚子都吃不饱，也没有好看的衣服穿，没有书读，更谈不上有什么玩具了，一定过得很苦吧。不仅如此，他们还觉得我们那个年代的孩子都过得很可怜呢。其实，这些只是他们的感受。我告诉你们，雪漠爷爷的童年非常快乐，也非常幸福，除了有时饿肚子的滋味不好受之外，我感觉不出任何不快乐，即使饿的滋

---

① 酣畅淋漓（hānchàng-línlí）：酣畅，畅饮，引申为舒适、畅快；淋漓，畅快的样子；形容非常畅快。

味有些难受，也只是一会儿的事情。为什么呢？因为那时候，属于我的世界很大，天大地大，我可以随心而至。比如，我可以在河湾里骑马狂奔，也可以在马安详地吃草时，躺在它温暖的背上，幻想天上的事情。那时，我常常想象自己像孙悟空一样能腾云驾雾呢，一个筋斗就能翻它个十万八千里。我告诉你们，雪漠爷爷的想象力，就是在那样的环境下无意识地训练出来的。那时，我虽然没有你们现在玩的什么乐高、机器人、军舰等玩具，但我一点也不孤独、不失落。你们知道为什么吗？因为我那时候根本不知道，在这世界上还有这些好玩的东西。那时候，所有的孩子与我一样，也不知道有这些好玩的东西。你们明白了吗？因为我们没有对比。

如果你也想过得快乐，就不要时时拿自己与别人相比。比如，有个同学有最时髦的玩具，你却没有；有个同学的衣服很好看，而你的很普通；某某同学的爸爸给他买了个进口文具盒，而你的只是"山寨"货。所有这些你没有的东西，都有可能造成你内心失落，在这份失落的情绪下，你就有可能嫉妒他们。如果这样，可就不好了。雪漠爷爷从来不跟别人比，我只跟自己比。比什么呢？我今天有没有比昨天优秀一些、懂事一些；我有没有战胜自己的懒惰，变得勤奋一些……这样的思维习惯，使我少了许多烦恼，还节省了大量时间用于读书、学习。所以，如果你也想做一个对社会有用的人，就不要单纯与别人比，而是主要跟自己比。

关于这一点，最典型的例子就是小马过河的故事了。小马刚要过河，小松鼠就跳过来说："小马，你怎么敢过河呀？这条河非常深，曾经淹死了我的小伙伴！"小马一听，就不敢过河了。小马又去问老牛，老牛说："小河很浅哪，还没有没过我的膝盖呢。"老牛和松鼠的答案差那么多，小马觉得很奇怪，于是就去问妈妈："妈妈，我要过河的时候，松鼠说小河很深，淹死了它的小伙伴；老牛又说小河很浅，究竟谁说得对呀？"妈妈说："你去试一下就知道了。"于是小马自己过了河。它发现，原来小河既不像小松鼠说的那么深，也不像老牛说的那么浅。

原来，河水的深浅也是相对的。老牛认为水很浅，是因为老牛的个子高；小松鼠认为水很深，是因为小松鼠个头矮。小河还是那条小河，就是因为对比的参照物不一样，所以会有不同的答案。这就像你们在爸爸妈妈眼里，只是个弱小的孩子，但在一只蚂蚁的眼里，你们就是巨人。

1. 善恶与美丑

天下皆知美之为美，斯恶已；皆知善之为善，斯不善已。

这句话很有名，有无数的人对它进行了解释，但雪漠爷爷的理解，与很多人都有些不一样。很多人认为，这句话的意思是：当天下人都知道什么是美时，就产生了丑；当天下人都知道什么是善时，就产生了恶。我觉得他们说得有道理，但不一定就是老子的本意。

老子生活的那个时代，是个非常动乱的时代，礼坏乐崩，诸侯与诸侯之间，就像游戏中的敌我双方一样，总是斗来斗去，各不相让。这样，老百姓就遭殃①了。向往幸福的生活，追求世间的美好与和平，是人类的天性，所以，这样一来，一些心怀大爱的人就担负起一种使命。比如孔子，他乘着车，率领一班弟子周游列国，推行着他的忠孝仁义思想；比如墨子，推行他的兼爱非攻思想。

我们的世界就是这样：因为战争，人们渴望和平；因为残酷，人们向往温情；因为绝望，人们播撒希望。

就像现在，我们要保护一些珍稀动物，如金丝猴、藏羚羊、丹顶鹤等。为此，国家还专门颁布了《中华人民共和国野生动物保护法》。为什么要这么做呢？就是因为这些动物的数量减少了，有的已濒临②灭绝了。所有对善的倡导，都是因为不善的存在；所有对美的倡导，都是因为丑陋的存在。

---

① 遭殃（zāoyāng）：遭受灾殃。
② 濒临（bīnlín）：紧接；临近。

如果你们不理解这些，可以再想一想，当你们喜欢吃的糖果一伸手就能拿到，你们还会稀罕它，渴望得到它吗？所以，如果我们生活的环境充满了美，我们就不会觉得美有多珍贵；如果我们生活的环境充满了善，我们也不会觉得善有多珍贵。相反，正是因为我们遭遇的多不是善美，而是丑恶，所以善美才会让我们心生向往，才会让我们觉得无比珍贵。

一些叔叔阿姨很喜欢我的书，觉得我的作品感动了他们，认为我的书里充满了悲悯和智慧，就是因为，他们熟悉的世界里已经很少能见到这种东西了。所以，他们愿意跟我一起做事，一起弘扬善文化。

为什么《悲惨世界》中的主人公冉·阿让在得到主教的帮助时那么感动，马上就改邪归正了呢？因为在他过去的生命中，从来没有人这样善待过他。你们想想，一个孤儿，长大后失业，但为了养活姐姐的几个孩子，偷了人家的面包，成了一名罪犯；他一直生活在一个非常悲惨的世界里，在那个世界里，没有阳光，他也感受不到温暖。所以，当有人真心帮助他时，他立马就不一样了。

"天下皆知美之为美，斯恶已"，这里的"恶"既有恶的意思，又有厌恶的意思，它代指的是丑。因为，美让人喜爱，丑让人讨厌。所以，此节开头提到的整句话的意思应该是：当天下人都知道什么是美时，丑已经很普遍了；当天下人都知道什么是善时，恶已经很普遍了。老子说的是人性中一种非常微妙的东西，也是一种善恶的先后关系。这个先后关系很重要。在这一点上，我跟很多人的看法都不一样，这也是我解读《道德经》最独特的价值。我希望，人们能通过我的解读，得到一种过去没有的视角，学会从另一个角度来看这个变化无穷的世界。

那么，老子是在否定善美吗？不是。老子只想指出，人们不是因为出现善，才知道什么是恶，而是因为流行恶，才向往善；人们也不是因为出现美，才知道什么是丑，而是因为流行丑，才向往美。善恶是相互依存且能相互转化的。

老子说出善恶之间的关系，就是为了告诉人们，这些概念都是相对的，不要过分在乎它，不要让它污染你的心。

2. 有无相生

故有无相生，难易相成，长短相形，高下相倾，音声相和，前后相随。

为了让人们更容易理解事物的相对性，老子在这里还用了很多排比句来补充说明。但对其中的有无相生，很多人还是弄错了。

很多人只认为有无是相互转化的，却不知道它们是同时存在的，缘起和性空也是这样。缘起就是各种条件，"有"就是各种条件汇集到一个地方。为什么说它同时又是空的呢？因为，它不是不变的，这么多条件一直在变化，它也就一直在变化，所以，"有"的同时就是空，而不是空了之后变作"有"，不是腾空了房子，再把家具放进去。比如，你们可以看看自己的学习桌，它是怎么来的呢？起初，只是一粒小小的种子，被人种到地里，慢慢发芽，长成了一棵小树；在阳光照耀下，它继续长啊长，长成一棵大树；被伐木工人砍伐了，卖到家具厂；然后，才由木匠做成桌子，发往商场，直到被你们的爸爸妈妈买回来，当了你的学习桌。你们想想，在这期间，它经历了多少？当小小的种子成为一棵树时，那粒种子去了哪里呢？当那根木头被做成课桌时，树又去了哪里呢？所以，这就是有无相生，它们一直都在变化。

难易、长短、高下、音声、前后……也都是相互依存、相互转换的。

比如"难易相成"，难是由无数个易构成的，但它同时又是相对的，任何事情都是这样，比如，同样一道算术题，会的同学觉得很简单，套公式就可以了。可对于不会的同学来说，就太难了，即使趴在桌子上算半天，仍是一头雾水，无从下手；可当他突然之间明白了其中的奥妙时，又会觉得不难了。所以，人们常说难者不会，会者不难。难与不难，都是相对的。同时，它们也在不断地转化着。

"长短相形"也是这样。在我的小孙女陈清如眼里，她的爷爷多么高大呀。但是当我跟篮球队员站在一起时，我看上去却像个小孩子。在你很小的时候，你一定觉得爸爸非常高大吧！当你一日日长高长大，会感觉爸爸原来也不是多高嘛；当你超过他时，或者在他慢慢老去的时光里，你感觉他又在变矮。所以，长短、高矮都是比较而来的。你觉得某个方面你比我强，我比你弱，这就是一种攀比。没有比较就没有强弱、优劣。有时候，好的正好就是差的。因为，你在哪个方面最优秀，它就最能制约你，最能控制你的心。你的长处、你最擅长的东西，最容易引发你的执着，一旦有了执着，好就转化为差了。所以，你最优秀的那一面，反而是你最难突破的关口，是你最大的磨炼和考验。这就是长短相形，它不仅仅是一种比较，还有一种更深层的含义。

《庄子》里有一个非常有趣的故事：有一棵树长得很高大，但它的木质很软，什么都做不了。一个木匠看着它，十分惋惜地说，作为一棵树，即使长这么高，又能有什么用呢？大树听了后很不服气，就说："我如果有用的话，早就被人砍了，怎么能活这么大岁数呢？正是我的没用，才让我活到了今天哪。"这虽然是个寓言故事，但说明了一个道理：很多时候，优劣是相对而言的，对别人来说是短处，而对自己来说则可能是长处。

最明显的例子是历史上有很多权势很大的人，最终都为权力所害。比如秦国的宰相李斯，他多次使用谋略，一步一步获得嬴政①的宠信，得到很高的权位，最后反而被自己辅佐的秦二世下令腰斩，

————————

① 嬴（yíng）政：秦始皇（公元前259年—公元前210年），赵氏，名政。秦庄襄王之子。出生于赵国都城邯郸，十三岁继承王位，三十九岁称皇帝，在位三十七年。中国历史上著名的政治家、战略家、改革家，首位完成中国大一统的铁腕政治人物。

还被灭了三族。假如他不曾为秦国的暴政出谋划策，他还会不会被赵高所忌，落得如此下场？那真的不一定。据说，在他临刑前，这个号称中国第一相的李斯，既没有担忧国家，也没有牵挂百姓，而是拉着儿子的手，说了一番话。他说："现在，就算我想和你牵上那条小黄狗，到郊外去游玩捕猎野兔，都不可能实现了。"他的谋略和智慧曾是他的长项，这让他从一个寒门士子奋斗到一人之下、万人之上的大秦丞相，但也让他死得非常悲惨，结局竟不如一般百姓。

"高下相倾"，高下、高矮都是相对的，你认为高的我认为低，你认为低的我可能认为高。"倾"还有倾倒、倒塌的意思。高高在上的人忽然从高位上掉了下来，如大厦般倾倒，最终连平民百姓都不如。

"音声相和"，有人称单纯的一种响声为"声"，各种响声汇聚在一起叫"音"。但我更倾向于另外一种解释：内为声，外为音。我们总是说心声，而不说心音，就是因为声是从内部发出来的，音是在外面听到的。"音声相和"指的便是一种心声和外音浑然一体的境界。如言为心声，就是所说的话与心里所想应该一致。一个诚实的人，定然是这样。实现了"音声相和"之后，可能就进入了"前后相随"的境界。按字面来理解，它仍然有比较的意思，很多个体在一起，才有前后之分，因为有前才有后，没有前就没有后。单个、独立的个体，就谈不上前后了。

老子的目的，就是让你拥有一双观察世界的慧眼，发现大自然当中那些有有无无的现象，还有不断发生的种种变化。变化是这个世界的真相。当你明白一切都在变化、一切都会变化时，就不会因为心爱的玩具丢了而闷闷不乐，也不会因为养的小宠物死了而伤心不已。当你有了这样的认识，就会坦然地接受生命当中的一切，过得非常开心了。

3. 圣人是怎么做事的

是以圣人处无为之事，行不言之教。万物作焉而不辞，生而不有，为而不恃，功成而弗居。夫唯弗居，是以不去。

孩子们，你们知道圣人是怎么做事的吗？

老子的这段话就回答了这个问题：圣人做事是无为的。对于这个"无为"，一些人认为是什么都不做。我的理解与他们不一样，我觉得它是一种不执着的作为。就是说，虽然没有执着，但事情还是要做的。就像你们写作业一样，只要你们踏踏实实、认认真真地去写，一旦写完了，就可以放到一边去，不再想写作业的事，可以全身心地放松，去和小伙伴们玩耍。在学习上，有的同学喜欢数学，就会在数学上多花点时间钻研；不喜欢数学，就可能会非常无奈、非常痛苦地去"完成任务"。而有的同学爱读书，在语文上花了很多时间；不喜欢语文，就皱个眉头，很不乐意。你们一定要明白，老子说的无为，是心态上的不执着，行为上的积极。你们不能因为老子说了"无为"就不写作业，不上学，不是这样的。他指的是心态上的放松，全然放松，不去牵挂别的事和所做的事。你们如果能做到学习的时候全神贯注，不过于在乎考试的分数，无论考得好坏依然非常积极地去学，便做到了老子说的"无为"。

　　要判断一个人是执着还是不执着，就看他在不在乎结果。当他执着结果，就会生起很多习惯性的判断，生起好与不好的分别心。如果他不执着，就不会在乎做事的结果。事情来了，就应对它，不去想好还是不好，对还是错，自己喜欢还是不喜欢。这里说的不在乎结果，仍然是在行为积极的前提下。你们可不能因为我说了不要在乎结果，就不去好好读书、好好学习。不是这样的。如果什么事情都不做的话，你就不是一个好孩子，成了一个名副其实的小混混、小懒虫了。明白了吗？凡事尽心去做，只要尽了心、尽了力，至于会有什么样的结果，就交给时间吧。时间是很公平的，它不会亏待任何一个孩子。只要你在该播种的时候播种，该浇水的时候浇水，该锄草的时候锄草，到秋天收获是自然而然的事。你有没有注意到，大人们常说要顺其自然，其实，真正的顺其自然只适用于圣者。因为，圣者虽然不执着，虽然他会随顺一切因缘，但他会积极做事；而一个凡夫如果顺其自然，他就会懈怠①懒惰②，会给自己懒惰的行为找出一个冠冕堂皇③的理由来，整日无所事事，最终他的这一生就会无所作为。老子希望我们永远不执着，但要努力地活、积极地活，不要混日子。这才是他老人家的"有所为，有所不为"。"无不为"是行为上积极，"无为"是心态上不执着。就像我经常说的："做大心之事，守无为之心。"

"行不言之教"，是说圣人做事主要是自己去做，而不是号召别人做而自己不做。这一点很像太阳。为什么这么说呢？太阳公公在天空中，永远都是照耀着这个世界，默默奉献自己的光明和温暖，而从来不号召星星和月亮一起来照亮这个世界。当然，言语有时也是行为的一种，比如老子留下的《道德经》。但相比而言，圣人更注重身教。要不是尹喜留住老子，虔诚④求学，老子是不会说这些的。

"万物作焉而不辞"，意思就是圣人不会干涉万物的运作，不会说三道四，他会尊重一切人，尊重一切事物发展的规律，永远默默无闻地做事。

"生而不有"，意思是很多事情因为他而成功，很多事物因为他而出现，但他不认为自己做了什么。我们身边也有这样

① 懈怠（xièdài）：松懈懒惰，怠慢不敬。
② 懒惰（lǎnduò）：不爱劳动和工作；不勤快。
③ 冠冕（guānmiǎn）堂皇：形容表面上庄严或正大的样子。
④ 虔诚（qiánchéng）：恭敬而有诚意。

的人，他帮助了人，但自己却并不觉得，虽然他的行为让一些人得到了好处，但他从不认为是自己的功劳。这就是典型的"生而不有"。

"为而不恃"，就是做了也不指望依靠它得到什么。"恃"是依靠的意思，就是凭借这个行为得到什么利益、得到什么地位。换个说法，就是他这么做毫无功利，没有什么私人目的。

"功成而弗居"，就是功成名就之后，也不认为这是自己的功劳，不因之而沾沾自喜。历史上有很多居功自傲的人，因为功高盖主，死于非命。

你们知道汉朝的韩信吗？他打仗最厉害了，他与萧何、张良一起，被称为"汉初三杰"。他们三个帮着刘邦打了天下。其中张良是最有智慧的人，他看破了一些东西，在刘邦当了皇帝之后，就修道云游去了。最后，得到了善终。但韩信却觉得自己了不起。有一次刘邦问他："你看我能带多少兵？"韩信说十万。刘邦又问，那么你能带多少兵？韩信说多多益善，意思是越多越好。刘邦听了很不高兴，心想：哼！你比本王还厉害，可见是个不知天高地厚的家伙。后来，在刘邦默许下，韩信就被吕后和萧何杀死在了长乐宫，还定了他谋反的罪名，灭了三族。依据他们的故事，有两个非常著名的典故：一个是"韩信点兵，多多益善"；另一个是"成也萧何，败也萧何"。

文种也是这样。越王战败时想自杀，是文种献计救了他，后来文种、范蠡①帮助越王灭了吴国。吴国灭了之后，范蠡就写了一封信给文种，劝他离开越王，因为越王是"长颈鸟喙"，一看就像凶猛的动物，身上有一种非常不好的气质。说这种人只可与他共患难，不可与他共富贵。说完，范蠡先走了。

但文种舍不得富贵呀，他没有走，只是抱病不上朝。结果有人就陷害他，说他想要造反，越王当即赐了他一把剑，叫他带上自己没用完的几条计谋，去地下帮着死去的先王。文种自刎（wěn）而死。

历史上这样的事情太多了，很多非常优秀的人物，在帮着主子打下天下之后都死于非命。比如，明朝的开国皇帝朱元璋，在他当了皇帝之后，那些帮他打了天下的功臣几乎都死于非命了。所以，真正有智慧的人，是做了事但不居功的人。他们虽然有很大的功劳，但不觉得自己有什么了不起，比如张良和范蠡。范蠡后来做生意，每次发了大财都不要——据说是三盈三虚，三次发了大财，三次都散给老百姓，最后被人们奉为财神。这样的人就能长寿。这就是"夫唯弗居，是以不去"。因为不居功，所以这个功他才不会失去。

老子是大圣人，他早已看破了人世间的兴衰荣辱、功名利禄，他说这么多，都是在给尹喜讲"道"。而讲明"道"，则是为了让人们更好地遵循事物发展的规律，顺应自然，让生命得到升华。

---

① 范蠡（Fàn Lí）：春秋末越国大夫。字少伯，楚国宛（今河南南阳市）人。曾助越王勾践奋发图强，灭掉吴国。功成后以勾践其人不可与共安乐，遂去。传后游齐国，称"鸱夷子皮"。隐居在陶（今山东肥城西北陶山），以经商致富，改名"陶朱公"。

你们看，春天来了，花儿就开了；花儿开了，过几天又会凋谢；花儿谢了，它的花瓣会落在土里，化为肥料，滋养别的植物生长……所以，即使你看到万物、万相，也不要认为它是实有、实存的，因为"有无相生"。这可能是"生而不有"的另一种意思。万有万有，一空生万有，"有"被认为是存在，但是在智者眼中，是"生而不有"的。因为所谓的"有"并不是实有，而是一种妙用，是变化的现象，它在出现的同时也在消失。

第三章

歇歇心，无须追逐

不尚贤，使民不争；不贵难得之货，使民不为盗；不见可欲，使民心不乱。是以圣人之治，虚其心，实其腹，弱其志，强其骨。常使民无知无欲，使夫知者不敢为也。为无为，则无不治。

孩子们，我们继续随着老子的指引，探索"道"那无穷的奥秘。

这一章，老子主要讲了老百姓争斗、盗取、心乱的根本原因，告诉我们圣人是如何做的，还具体到了各种方法，最后，他提到了自己心中理想的大同世界。他老人家如此用心良苦，就是要教我们窥破^①欲望，进而远离欲望。只有这样，我们才能做自己生命的"王"，而不是欲望的奴隶。

一件事情，只有我们完全认知它、窥破它，才不会陷进去，被它牵着鼻子走。那么，我们该如何窥破它呢？

我们先来看看这一章的字面意思：不崇尚有才能的人，老百姓就不会有纷争；不推崇稀罕的东西，老百姓就不会偷盗；不炫耀、卖弄一些勾起欲望的东西，老百姓的心就不会乱。那么，圣人是如何做的呢？首先，让心变虚，不要有太多的杂念和想法；其次，

① 窥破（kuī pò）：暗中看见；看透。

让正念充满心胸；最后还要减少自己的偏见和执着。一个人只要少了概念性的东西，少了欲望，不生贪心，即使另一些有想法、有欲念的人在他跟前，也生不出那个心。所以，我们只要无欲无求，真诚待人，积极地做事，不过度在乎结果，就很好了。

很多年前，雪漠爷爷有许多次可以发财的机会，但都拒绝了。尽管我那时候生活条件不好，身为家里的长子，我不仅要养活自己，还要贴补家用。但我在赚钱与坚守梦想之间，做出了正确的选择。因为我明白，即使我成为一个"有钱人"，也不过是能让

家人吃得稍微好一些，住得稍微好一些而已，但这些很快就过去了，对生命没有多大意义，更谈不上对社会有多大贡献了。因为老天给予人每天的时间是公平的，一天二十四个小时，赚钱会占去我很多时间与精力，而我这辈子不是来赚钱的，我的梦想是当作家，著书立说。于是，我便做出了选择。你们一定要明白，不是我当初多么有智慧，而是我清楚地知道自己到底想要什么。

这一切，缘于我在很早的时候就诵读经典，学习了《道德经》。圣人的智慧使我窥破了一些东西，使我明白，一旦一个人屈服于命运、屈服于他的欲望后，会有什么样的结果。所以，你们也应和我一样。

1. 欲念方起，民心已乱

不尚贤，使民不争；不贵难得之货，使民不为盗；不见可欲，使民心不乱。

你们要明白，在得道者的眼中，生命和生命的本体是一样的，个人和国家也是一样的，所谓家国一理，就是这个意思。它们看似各有各的不同，但都归于同一种真理——道。而在凡夫眼中，却有着非常明显的区分，他们觉得做人是做人，持家是持家，治国是治国。所以，在《道德经》中，很多内容除了字面上的意思，还有老子作为得道者的言外之意。

比如"不尚贤，使民不争；不贵难得之货，使民不为盗；不见可欲，使民心不乱"，最常见的解释是：不崇尚有才能的人，老百姓就不会有纷争；不推崇难得的东西，老百姓就不会偷盗；不炫耀、卖弄一些勾起欲望的东西，老百姓的心就不会乱。

老子这样说，不是排斥贤良的人，而是说不要刻意地推崇一些所谓的贤者。因为这样的推崇，本质上是一种游戏，很多人一旦陷进去，就会激发出人性中许多不好的东西来。

孩子们，你们是国家未来的主人，你们要做善良的人、正直的人、有着高尚情操的人。你们要守护好自己的初心，不要让社会上这些乌七八糟的东西给污染了。看了雪漠爷爷的书，你们以后在遇到一些事时，就要明明白白地知道，那是一种游戏，要远离它。因为这种"尚贤""推崇""竞争"的游戏规则，让无数的人陷入其中，有的人甚至付出了生命的代价。

你们是否听过用一个桃子杀人的故事？有些人可能觉得不可思议，桃子怎么会杀人呢？但在历史上，确实有这么个故事。故事讲述的是春秋时期的政治家晏子，他在辅佐齐景公的时候，国内有三个大力士，他们都很厉害，可他们一点儿不讨人喜欢，因为他们总是居功自傲，觉得自己了不起，都觉得自己是天下第一。晏子就想，这样的人，留着也是祸患，不如找个理由杀了他们。有一天，晏子拿了两个桃子对那三人说："王说了，这是仙桃，你们当中最有功劳的两个人才能吃。"但他们三人谁都不让谁，谁都觉得自己最有资格吃那个桃子。其中两个性急的，就抢先把桃子吃了。剩下的那个人很不服气，于是三人一起表功。结果他们发现，第三个人的功劳比他们俩都大。那两人因为抢吃了桃子羞愧难当，就拔剑自刎了。第三个人觉得不该因为桃子断送了两个壮士的性命，也拔剑自刎了。这就是尚贤的典型例子。如果不推崇功劳，三个壮士就不会去争那两个桃子，也不会死。所以，老子觉得尚贤不好，会引起纷争，造成失控。这是很有道理的。

你们学了历史，就会知道，在泱泱五千年中华文明中，充满了这种"尚贤"的故事。什么春秋五霸、战国七雄，这些雄啊、霸呀，都是尚贤尚出来的。如果不尚贤，不推崇建功立业、成就霸业，那么各诸侯、各王之间，就会相安无事，各个诸侯国就会和平共处，这样，老百姓自然就能安居乐业。

第二句是"不贵难得之货，使民不为盗"，什么意思呢？就是说不推崇稀罕的所谓的好东西，老百姓就不会偷盗。比如，你推崇这儿的好东西，老百姓就会生起贪心，觉得他有我也想有，要是没钱怎么办？就起了偷盗之心。或是你有什么好东西，他没有，他就想把你的好东西给偷走、抢走。要是不推崇那些所谓的好东西、珍贵之物，老百姓就不会生起贪心，就会安安稳稳地过日子。事实上，也没有什么珍贵不珍贵的，这时觉得珍贵，过段时间就变成垃圾了。现在的很多垃圾，过去都是人们眼中的难得之货。为了那一时的珍贵，好多人起了偷盗之心，社会也混乱不堪。所以老子说"不贵难得之货，使民不为盗"。

还有"不见可欲，使民心不乱"。欲就是欲望，可欲就是让人生起欲望的东西。我们这个社会就是可欲的。不管是生活中还是网络中，到处充斥着让人生起欲望的东西。比如，一些人在网络上卖弄身材、炫耀财富，有的还成了"网红"。于是，在问一些小孩子的人生理想时，他想不到什么科学家、作家等，只觉得当"网红"很好，可以很轻松地赚很多钱。

但一个好孩子，一定是有远大而高尚的理想的。当身边有这样的人，或是有人给你们灌输类似不良的思想时，你们一定要远离他。做一个好孩子，就要从学会拒绝诱惑和欲望开始。

2."民"即是自心

孩子们，在学习《道德经》时，你们一定不要把它当成是语文课文。为什么这么讲呢？我们知道，除了字面上的意思，老子的话中还暗含着哲理。明白这些道理，你们可以活得更好，也能够更好地遵循自然，认识自我，认识生命，感悟真理。

你们知道吗？其实我们每个人的身体，都是一个独立王国。在这个王国里，不仅有王，也有臣民。虽然一般情况下，这些臣民是为国王尽忠服务的，但更多时候，它们扮演的却是乱臣贼子的角色。

我们先来认识一下这个国王，他是怎么做的：

首先，要学而有道，不尚贤，不要有攀比之心，不要被社会上流行的某些价值体系所诱惑，不要羡慕那些所谓的成功人士。我们每个人吃不了多少东西，也花不了多少钱。像我，如果买书，就会花得多一点；不买书，每个月五六百就够了。我们如果羡慕那些所谓的成功人士，这种争名夺利的念头，就会把我们的心搞乱。相反，如果我们没有争名夺利的心，就不会那么焦躁，很多困扰心灵的问题都会消失。

在中国历史上，与老子齐名的，还有一个老头，别人请他出任宰相，他都不愿意。他宁愿清贫地与鱼虫植物对话，与清风明月相伴，混迹在社会的最底层，编些草鞋卖了过日子，也不愿在朝堂之上受万人敬仰。要在今天这个时代，有人会说他是傻瓜，但他不是傻瓜，因为他看破了红尘。他宁可逍遥地活着，做一个自由自在的人，也不为名利所缚，不为欲望所裹，他是完完全全为了自己的心而活着的。正是因为如此，他才能留下那么好的思想，横亘古今，用思想震撼了世界。这个老头就是庄子。

他与老子一样，都明白人最需要的，其实不是财富，不是名位，不是权力，不是统治别人、驾驭别人、超越别人，而是一颗属于自己的心，一颗恬淡自在的平常心，一颗能感受到个体与大自然和谐之美的心，一颗自由、清净、饱满的心。庄子最让人敬仰的，除了他伟大的、利众的行为，就是这样的一颗心。

老子和庄子等古代哲人，都是成功的。他们虽然不是高官，不是财主，不是握有生杀大权的国王，但他们能主宰自己的心。庄子说，即使全世界赞美他，他也不会骄傲自满；即使全世界诋毁①他，他也不沮丧失落。你们想想，他有多么了不起！现在很多被认为成功的人生活在舆论②的压力下，痛苦着，而庄子竟可以做到这样。因此，你们在学习《道德经》时，可以从治国的角度了解一些东西，更应该从生命角度学习一些东西。看破生命中短暂易逝的一切，然后思考：在有限的生命里，什么更值得你去努力？什么才能让你的生命真正变得饱满，让你的心灵真正变得博大，让你真正地体会到人之为人的快乐？

我要提醒你们，对别人有、自己却没有的东西不要去羡慕，这样，你就不会生起比较甚至偷盗的心了。而一旦你羡慕了别人，你心里居住的那些"乱臣贼子"就会蠢蠢欲动。古代小说《西游记》中，孙悟空打死的"六贼"，就是佛家所说的"眼耳鼻舌身意"六贼。你眼睛看到的、耳朵听到的、鼻子闻到的、舌头尝到的、身体感觉到的、大脑意识想到的，都在激起你的欲望之心。欲望一生，六贼出现，你的心就不能自主了，生命能量就开始消失。

那什么时候你才是"王"呢？见到真心，心由自己做主时，

---

① 诋毁（dǐ huǐ）：毁谤；污蔑。
② 舆论（yúlùn）：公众的言论。

你就是生命的主人，你就是生命的国君；否则，你就是民。使民不争、使民不为盗、使民心不乱的"民"，都是指我们自己。

给你们讲个澄（dèng）金石的故事，这是发生在我家乡的一个真实的故事：山里居住的一个老人，有一次发现一块含有金沙的石头，他特别高兴，因为那里可以淘出金子来。但一天天过去，他又不开心了。为什么呢？他觉得这点金沙太少了。于是，他就把淘金沙的那个小坑挖得更大了一些，然而却再也没淘到金沙。你们要明白，人的欲望是永无止境的，一旦生起贪心，又不能超越它，贪心就会膨胀①，而心膨胀的结果就是痛苦，就是灾祸。

即使大家在提倡欲望和享受，我们也要明白，个体生命需要的，仅仅是一份觉悟、一份快乐、一份健康。健康地活着，每天都开开心心的，人就没有理由不幸福。如果能在这个基础上，再做些有益于国家和人民的事情，人生也就圆满了。

3. 圣人之治

是以圣人之治，虚其心，实其腹，弱其志，强其骨。

首先，你们应该明白，我们的心就像一个杯子。杯里装了茶，就是茶杯；装了开水，就是水杯。所以，重要的不是杯子，而是

---

① 膨胀（péngzhàng）：泛指某些事物扩大或增长。

杯里装了什么。同理，我们的心也是这样。我们心里装了什么，我们就是个什么样的人。装了善良仁爱，我们就是个善良仁爱的人；装了仇恨烦恼，我们就是个有着无穷烦恼和仇恨的人；装了天下苍生，我们就是圣贤；如果装的只是自己，为了一点个人利益，就斤斤计较，与人斗来斗去，那么，我们就是小人、庸人。所以，我总说，我们想做什么样的人，选择权永远在于自己手里。君子心，就是君子命；小人心，必是小人命。

那有人要问了，如何才能成为君子、圣人呢？

我们知道，一个杯子要想装东西，第一步就是要清空它，按老子的说法就是"虚其心"。意思是让心变虚，这个"虚"是"虚心使人进步"的"虚"。在这里，就是要我们不要想太多，不要有太多的欲望，这样可避免产生很多杂念。为什么有些人的注意力总是不能集中呢？就是因为他们的心乱，而心乱是因为想得太多。老师在那里讲课，他们忽而想象自己变成孙悟空大闹天宫，忽而想象自己变成哪吒踩个风火轮在战斗……他们思想的野马一旦纵横，就很难专注。

我们清空杯子的目的，是装我们想装的东西。所以，第二步就是"实其腹"。很多人的解释是吃饱肚子，这是字面意思。在这里还有深层含义：意守丹田、气沉丹田，也就是要培养专注力，守住一种正面的、积极的东西。

消除杂念、专心致志之后，还要"弱其志"，什么意思呢？就是慢慢减少自己的执着和偏见。每个人都有自己的想法，但因为智慧之灯没有点亮，所以，每个人的想法都是偏见，而不是事物的本来面目。比如，班上来了一个新同学，他爸爸是个商人，家里很有钱，你因为受别人的影响，觉得无商不奸，就觉得那位同学家里的钱定然是他爸爸靠坑蒙拐骗得来的。事实真是这样吗？当然不一定，只是因为你受了别人的影响，有了这样的偏见。什么时候你才能客观地看待新同学呢？只有你不再"我以为"时，才能消除对他的偏见。

在此基础上，再"强其骨"，让身体强健。老子在这里专门谈到了"骨"。

身体是革命的本钱，我们只有拥有好身体，才能好好地学习，将来成为国家的栋梁之材。否则，今天生病，明天吃药，整日病恹恹①的，就不可能很好地做自己想做的事。

在我很小的时候，我就知道自己要做什么。所以，为了实现梦想，我不仅以坐禅的方式"虚其心"，还以练武的方式"强其骨"。当然，这里的"骨"不仅仅是骨头的骨，还指我们生命深处的东西。所以，我们总说"深入骨髓"。当我们脱胎换骨之时，就是生命深处在发生变化了。

4. 无知无欲

常使民无知无欲，使夫知者不敢为也。为无为，则无不治。

---

① 恹恹（yānyān）：形容患病而精神疲乏。

你们知道什么是"知道分子"吗？在这个时代，其实有很多所谓的知识分子，充其量不过是"知道分子"。我为什么这么说呢？因为他们知道很多东西，显得非常博学。只是他们的博学乍看很厉害，仔细思考，却多是没有消化的东西。他们对别人的东西囫囵吞枣①，大多数似是而非。微信上有很多这样的"智者"和"大师"，社会上流行什么话题，他们就讨论什么话题，然后引来成千上万的粉丝。但大家看了他们的东西之后，有时并不能收获什么。因为，微信是一个浅阅读的平台，人们多是浏览性地阅读，这种方式得到的多是碎片化的知识，有的甚至只是一些概念和偏见。

所以，让老百姓少看这种东西，不要生起那么多的贪心，也让"知道分子"不要胡言乱语，就叫"常使民无知无欲，使夫知者不敢为也"。很多人却因为这句话，误解了老子几千年，觉得老子在提倡一种愚民的东西。其实，老子不是要让老百姓变得愚痴，变成我们常说的那种意义上的无知，而是要让人们的思想中少些概念性的东西。

"道可道"中的"道"，便是智慧，悟道、得道说的都是智慧，而不是概念。老子不可能提倡愚民，因为老子的关注点不在政治，他的哲学思想是教人如何修身养性、如何开发智慧的。

那么，如何开发智慧呢？就是要减少概念性的东西。大道至简，它远离概念。如果一个人的心里装满了成见和概念，肯定就没有智

---

① 囫囵吞枣（hú lún-tūn zǎo）：把枣子整个吞下。比喻读书等不经消化理解，笼统接受。

慧。如果心的杯子里盛满了污水，就再也盛不下清水了。当这颗心被污染了，人就没了定力，只要有点风吹草动，人的心就乱了。所以，你们一定要让自己的心清静、安定。当你们拥有这样的一颗心时，你就有了智慧。你们的小脑瓜里，一定不要有太多算计。精于算计的人只能算是小聪明，不可能拥有大智慧。真正有大智慧的人，多是看起来毫不起眼的人，大智若愚就是这样。

我妈妈总说我太老实了，直到今天，所有接触我的人都觉得我太老实了，但我觉得老实也没有多么糟糕。相反，很多聪明的人活得反而不如我。《红楼梦》中王熙凤的判词有一句"机关算尽太聪明，反误了卿卿性命"，说的就是"聪明反被聪明误"。说到底，很多人就是被这种"聪明"给害了。

我虽然写了很多书，但也说不上知识渊博。平常时候，我的脑子里没有什么迫切的或非分的欲望，只在写作的时候，它们才会像水一样，从我的心里流出来。

前几年，我开了微店，有朋友说，我办了一个"雪漠智慧大超市"。不过，有一点他说得不太准确，他说我是在"经营"，实际上我不是经营，我只想做给大家看。我做这些，不是为了赚钱，也不倡导别人像我这样活着；我做这个，其实是在告诉一些人如何在这个时代，依托一种方式做事。所以，我也经常会把我自己的生活写出来，把自己经历过的事、见过的人、心中的感悟写出来，展示给大家。我只想做好自己，但我也愿意将做好自己的过程告诉别人。其实，对我的个体生命来说，做与不做都无所谓。我做的意义在于，告诉很多有心做事的人，你如果这样做，也能做成事。

孩子们，你们一定要明白，我们的生命很长，但同时也很短。

人生需要的东西真的不多，没必要贪恋太多东西。你不贪婪，你就得到了一颗"什么都不想得到，又什么都不缺的心"。这时，你就是天底下最富有、最幸福的人了。所谓仁者无敌就是这样。如果你能做到这样，那些看起来很会说话、特别会辩论、知识很多的人，到你身边也就不会胡言乱语了。为什么？因为他生不出那个心了。这就是"使夫知者不敢为也"。有人卖弄，是因为我们迎合了他的卖弄；如果社会不需要那些乌七八糟、投机取巧、看起来是阴谋诡计的东西时，人们就算有这些东西，也没有用的地方。因为淳朴的社会容不下算计的人，在一个真正有信仰的群体里，也容不下算计者。

所以，你要活得简单一些，不要有那么多小心思。真诚待人，努力学习，将来还要积极地贡献社会，让这个世界因为你的存在，而变得更美好一些。

第四章

平静如深渊，平凡如尘埃

　　道冲，而用之或不盈，渊兮，似万物之宗；挫其锐，解其纷，和其光，同其尘；湛①兮，似或存。吾不知其谁之子，象帝之先。

———

　　① 湛（chén）：此处通"沉"，沉没。

通过前面的学习，我们知道了"道"是什么；在这一章里，老子又给自己悟到的"道"做了解说。这些话看似在论道，但在呈现老子不同凡响的境界的同时，也充分体现了他老人家的慈悲。那么，老子悟到的"道"到底是什么呢？它又有哪些特性呢？

老子说，道虽是虚的，但它却有着无穷的活性。它广大无边，用之不尽，深不可测，就好像是世界的源头。它无处不在，无时不在，但它又显得极为低调，既没有那种张牙舞爪的锐气，又解除了一切纷繁杂乱，显得简单而质朴；它将自己的光芒随缘隐遁，深藏于世俗之间，让人无法分辨，也深藏于一切事物的背后，总是让人琢磨不透。说真的，我也不知道它是谁创造出来的，好像上帝还没出现，它就已经存在了。

你们都知道盘古开天辟地的故事吧？盘古因为不愿意生活在一片黑暗当中，便用一把斧子劈开了天地，后来，他的身体化成了世界万物。听了这个传说，你是不是觉得是盘古创造了万物呢？其实，真正创造这一切的，不是盘古，也不是哪个神灵，而是"道"。

老子认为，"道"先于宇宙而存在，虽然人们常常会忽略它，但它永远存在，不生不灭。不过，只有你注意到它的时候，你才会发现它；如果你不注意它，虽然它依然存在着，但你发现不了它，在你的世界里，它也就不存在了。比如，你家楼下的花坛里有一株月季花，虽然它开得很美，但你从来没有看见过它，这样，对你来说，这朵花就不存在。但也仅仅是对你而言，因为它对世界而言，是存在的。

1. 道冲显万相

道冲，而用之或不盈，渊兮，似万物之宗；挫其锐，解其纷，和其光，同其尘；湛兮，似或存。吾不知其谁之子，象帝之先。

你们知道"曹冲称象"的故事吗？古时候有个非常聪明的男孩叫曹冲，这个"冲"字，在老子那个时代，据说和酒盅①的"盅"是同一个字。在很多人的名字中，这个字常常出现。比如，我曾经看过一部武侠小说，里面有个道长叫冲虚，还有金庸的《笑傲江湖》里，有个人叫令狐冲。那为什么人们这么喜欢用这个字呢？

原来，"冲"不仅是一种境界的呈现，它还有另外一种深意。在这里，我认为它在包含了"虚"的基础上，多了一种妙用。什

---

① 酒盅（jiǔzhōng）：小酒杯。

么妙用呢？一种无穷的活性，也就是无穷的可能性。

你观察过天空吗？有时候它晴空万里，有时候又会布满乌云，还有的时候，会飘过缕缕白云。天空是有多种可能性的。因为云的流动性，它每天都不一样，每一时刻也不一样。它无时无刻不在变化，所以是"用之或不盈"。也就是说，道可以用，但永远也不会穷尽，永远也用不完。它不像我们喝的酒，再多的酒，喝一段时间也就没了；也不像其他东西，数量再多，也有极限，过了那个极限就用没了。道却是永无止境的，它就像虚空，虚空无尽，道也无尽。当你观察它的时候，你会觉得它深不可测，充满了变数。就像那天空，刚才还是碧空万里，现在却乌云滚滚；过一会儿，乌云散去，太阳又出来了；随着太阳的出现，还飘来一些白云，那些云朵看上去既像一朵一朵的花，又像一个又一个的小动物。你会觉得道简直太神奇也太伟大了，它就像自己的妈妈一样。但它比自己的妈妈更"慈悲"，因为它生出了万物，却又从不约束它们；不像自己的妈妈，总是会对你提出这样那样的希望和要求。是不是呢？

接下来，老子又说了修道的过程，也可以理解为人得道后的境界呈现：一些锐气、棱角都已被磨掉，显得非常普通，也非常简单；该做什么，不该做什么，都非常有分寸，从来不去干预什么。"道"之体性就像一位仁慈的母亲从来不会勉强孩子按照其意志生长一样，它会尊重一切，让一切都顺其自然。它像日月之光，又极其微小，能与尘埃相聚，合乎大同。

前段时间，我跟一位科学家谈了一个非常有趣的现象。他说到细胞时，告诉我，每个细胞里都有无数的蛋白质。这些蛋白质

就像一个有着多种职能、机构健全的部队一样，有条不紊地承担着各自相应的职责，有些输送营养，有些增强免疫力。我问他，是谁让它们这么做的？他说不知道。我再问他，这些细胞的原动力是哪里来的？他也说不知道。其实，按照老子所说，让这些细胞这么有序地存在的，就是道，它们的原动力也是道。

"吾不知其谁之子，象帝之先。"意思是：我不知道它是谁的孩子，也不知道谁创造了它，好像上帝还没出现，它就已经存在了。孩子们，你们想想，老子是怎么说出这种话的呢？其实，他是在描述悟道之后，自己体会到的那种境界。这里所有的文字，都是他的境界呈现。他在极力地告诉尹喜，道是什么样子。

那么，你们明白了吗？

2. 和光同尘

孩子们，我们做个假设好吗？假如你到一个地方去，那里有两个人，其中一个人上来就说个不停，显得他很博学、很厉害；而另一个人却坐在那里不声不响，什么也不说，那你觉得谁更厉害？

我想，有人会说，第一个人更厉害，你看他知道得那么多，滔滔不绝，简直是百科全书啊。其实，事实不一定是这样。一个人水平怎么样，他一说话，可能全暴露了；而不声不响的人，因为你不知道他心里在想什么，也不知道他的水平到底有多高，这样，反而会神秘莫测。所以，我们看一个事物时，一定不要被它的表象给欺骗了。要知道，老子在这里虽然是在说修道时要"挫其锐"，但其实在日常生活中，也要做一个"挫其锐"的人，不要动不动就锋芒毕露①，觉得自己了不起，更不要咄咄逼人②。

所以，孩子们，你们要像水一样低调、谦卑，不要锋芒毕露，凡事不要太抢风头，做好自己就行了。年轻时，我不懂这些。我总是跟别人辩论，在分析一些问题时，也总是会想把对方比下去。这样的结果就是，最后没有人愿意和我说了。现在就不一样了，因为我明白一切都是一场游戏，有人需要我陪他玩，那么，我就好好陪他玩、陪他聊；不需要，我就安住在自己的世界里，专心做我自己的事。我不会因为朋友来了，就忘了自己该干什么，也不会因为朋友离开而念念不忘。我抓的永远都是"当下"。因为世间万物终究会消散的，该来的还是会来，该散的终究会散。有生必有死，一切都在变化。真正的聪明人把握变化，珍惜变化，安住在每一个当下，这就是"解其纷"。不聪明的人期望得到某种东西，但你越是期望，就越是得不到。为什么呢？因为期望是一种贪心、功利心。所以，"解其纷"不仅仅是道的表述，也是修道的方法。

做到"解其纷"后，接下来就是"和光同尘"。"和光同尘"不是随波逐流，随波逐流是被动地身不由己，而"和光同尘"是积极地融入。"和光同尘"的人，即使他匿于市井之中，也有一颗独立和宁静的心。

---

① 锋芒毕露（fēngmáng-bìlù）：指锐气和才干全都表现出来。多形容人气盛逞强。
② 咄咄逼人（duōduō-bīrén）：形容气势汹汹，盛气凌人。

第五章

在一叶一花中，默然起舞

原文

天地不仁，以万物为刍狗①；圣人不仁，以百姓为刍狗。天地之间，其犹橐籥②乎？虚而不屈，动而愈出。多言数穷，不如守中。

---

① 刍狗（chúgǒu）：用草扎成的狗。
② 橐籥（tuóyuè）：指风箱。橐，一种口袋。籥，古代容量单位。

孩子们，你们说说看，在这个世界上，最公平公正的是什么？

也许有人会说妈妈，因为在每个孩子眼里，妈妈是最完美的，值得拥有一切美好的东西；也许有人会说，是时间，因为时间给予每个人的都是一天二十四小时，不会多一分钟，也不会少一分钟；也许有人会说是太阳，因为太阳高挂在天上，所有走在阳光下的人，都会感受到它的温暖。你们这样认为，当然也对。但我们今天要说的是另一种公平公正的事物：天地和圣人。

我们先来看看这一章的大概意思：天地是不会偏心的，它对待万物就像人们对待祭祀用的刍狗一样。为什么这么说呢？天地对待万物，从来都是遵循万物自己的规律，它从来不会干预万物。比如，春天花开了，秋天花就落了；傍晚太阳下山了，天就黑了；第二天，到了一定时候，太阳又会升起。天地不会觉得花开了很美，就让它一直开着，永不凋零；也不会觉得有了太阳，世界有了光明，就让它一直挂在天上。天地从来都不会干预它们。这一点像人们对待刍狗一样。

孩子们，你们知道"刍"是什么意思吗？一些偶蹄类动物吃了草，经过一段时间后，会将粗粗咀嚼①后咽下去的食物从胃里返回到嘴里细细咀嚼，然后再咽下去，这种行为叫反刍，所以，刍就是指草。刍狗就是一种草扎的狗，它是用来祭祀②的。

同样，圣人也没有偏爱之心，圣人对待老百姓，也像对待刍狗一样，尊重他们，不偏不倚。

老子还说，这个天地，就像一个巨大的风箱。为什么呢？你

---

① 咀嚼（jǔjué）：用牙齿磨碎食物。
② 祭祀（jìsì）：置备供品对神佛或祖先行礼，表示崇敬并求保佑。

看，天地之间，中间是空虚的，因为气在其中流转，所以生生不息，永不衰竭，涌现着无穷活力。治理天下时，如果发号施令越多，败亡也就越快；应该效仿天地，不折腾，遵从万物之道，守中抱一，保持虚静。

1. 圣人以万物为刍狗

天地不仁，以万物为刍狗；圣人不仁，以百姓为刍狗。

古时候，人们在祭祀时，一般用草扎个狗当作供品。老子在这里用刍狗做比喻，还与当时的民俗背景有关系。人们在祭祀前，对这些供物非常重视，但在祭祀完后，就把它们扔了。所以，对这句话，很多人的理解是：天地和圣人没有凡俗情感，对待万物，就像人们对待祭祀用的草狗一样。很多人都认可这种说法。

再给大家讲个小插曲。曾经，一位朋友在微信上给我留言："天地不仁，以万物为刍狗；圣人不仁，以百姓为刍狗。"知道他为什么这么说吗？因为我没时间回他的微信，他就以为我对他像圣人对待刍狗一样抛弃了他。他这是在批评我，但这句话的含义却不是他理解的那样。圣人不是那样的人。圣人之所以是圣人，是因为消除了分别心，站在了另一个高度，达到了另一种境界。什么境界呢？"无缘大慈，同体大悲。"这里的"慈"就是慈爱、和善，"悲"是悲悯，看到别人在受苦，你对他生起了悲悯之心，你想帮助他、解救他，使他不再受苦。到了这时候，众生的喜怒哀乐、悲欢离合，虽然看起来与你无关，但你能感同身受。

如果你们还是不能理解，那就多想想你们的妈妈吧。在你们生病的时候，妈妈是不是很着急，恨不能替你们去生病？在你们受伤的时候，妈妈是不是很心疼，恨不能替你们承担那疼痛？所以，当爱达到一定程度，就无我了。当爱的对象成了陌生人，而不仅仅局限于自己的亲人时，也就是"无缘大慈，同体大悲"了。

我的理解中，老子说的"刍狗"，更有载体或替身的意思。就是说，万物是天地的载体，承载了万物之德。所以天地把万物当成了自己的替身或载体，一视同仁，没有偏爱。圣人将教化百姓作为自己的使命，百姓也是圣人之德的替身或载体。所以，圣人对百姓一视同仁，没有偏爱。这或许更符合老子的本意。

还有一种说法认为，刍狗是指草和狗，草代表植物，狗代表动物。圣人之心跟天地之心一样，对万物一视同仁，没有偏爱，绝不会因为这个漂亮就帮，那个丑陋就灭掉。阳光既照鲜花又照毒草，清风既吹江河也吹沼泽，细雨滋养农田也滋养荒原……我们也要像大自然一样，消除分别心，无分别地对待一切。

第三种解释是，天地也罢，万物也罢，都会死去，就像那个草扎的狗终究会被丢弃一样。即使明知它终究会被丢弃、终究会死去，圣人也会恭敬地对它、尊重它，就像人们在祭祀前对待刍狗那样。

这几种说法都有道理，比"圣人无情"的说法更妥当。你们要明白，圣人的不仁是真正的大仁。圣人的爱也不是凡夫讲的爱。凡夫的爱是有条件的，而圣人的仁爱不讲条件。圣人的无情就是有情，不仁就是大仁哪！

2. 天人合一

如果说世间是大海，我们每个人就都是大海里的一滴水。既然是一滴水，那这滴水里，就有着大海的全息。所以，道家认为，人是小宇宙，天是大宇宙。人的细胞中充满着天机。那什么是天机呢？天机就是宇宙的全息。这种思想就是天人合一。

这概念最早是由庄子提出来的，后来成为中华传统文化的组成部分。它不仅是一种思想，也是一种境界。就是说，我们每个人与天地都是一体的，世上万物也是天地的一部分，是天地的载体。所以，一切都要顺应自然，合乎自然规律。

你们知道吗？科学家已经证明了这个世界上存在暗物质、暗能量。而且，他们给出了具体的数据。据说，我们人类肉眼看到

的仅仅是所有物质和能量的 4%，就是说，96% 的都是暗物质、暗能量。科学技术发展到了今天，确实是突飞猛进，日新月异，但我们人类的认知还是非常有限的，太多的未知都在等待着人们去探索、破解。我们现在觉得神奇的很多故事，或许都会成为科学家探索宇宙奥秘的线索。

所以，你们一定要努力学习，从小就要树立远大的理想，担负起社会的责任，为人类的美好未来而不懈努力。

3. 天地像个大风箱

天地之间，其犹橐籥乎？虚而不屈，动而愈出。

老子说："天地之间，其犹橐籥乎？"翻译成白话文，就是"天地像个大风箱"。孩子们，你们一定没见过风箱吧，这种东西现在可能都成文物了。

我小时候，村里没有电吹风，也没有鼓风机，但人们生火做饭，又常常需要风。所以，很多人会在家里的灶台旁边做一个风箱。说来也简单，就是一种能够通过压缩空气产生气流的装置。乡下人形容一个人两头受气时，会把其比喻为"风箱里的老鼠"，为什么呢？因为两头受气。这也是风箱最大的特点。风箱一般是个木头箱子，中间穿一根杆子，两边都有门。从这边推过去，在推力的作用下，这边的门就会打开；对面的门是合住的，气出不去，就会推到旁边的灶里；灶台里有了氧气，柴火就会烧得很旺。

然后再拉回来，拉的时候，这边的门就合住了，那边的门在拉力的作用下就打开了，然后仍然把里面的气挤到灶火里。就这样，一推一拉，在两种力量的作用下，将产生的气流输送到灶台里，火就能燃烧得很旺。

老子发现，整个天地就像一个大风箱，总是一鼓一荡的，忽而春天来了，忽而夏天到了，忽而秋天来了，忽而又成了冬天。风时不时呼呼地吹着，树叶也时不时就绿了、黄了……大自然充满了变化，暑往寒来，就像一推一拉的风箱。

"虚而不屈"，风箱里虽是空的，但那气好像永远都用不尽。什么叫用不尽？就是空荡荡的天地之间，有万物在生长，生生不息，欣欣向荣。

"动而愈出"，万物都在变化，永远没有穷尽，永远都在发展，层出不穷。

你可以观察一下身边的事物：春天，小草在春姑娘的吹拂下绿了；秋天，它在冷霜的侵袭下枯萎了；到了第二年春天，小草又会探出小脑袋，开始新一轮的生长。再比如，同样的一块地方，今年农民伯伯种了小麦，到了明年，又换成了苞谷；或者，春天种的是油菜，到了秋天，他们又种了白菜。土地还是那块土地，但种的东西不同，总是变来变去，想种什么都行；即使什么也不种，它也会长出草来。这就是"虚而不屈"，也是"动而愈出"。不管它怎么变，都没有穷尽。曾经，我看过一组老照片，前面有几十张黑白的，后面渐渐出现了彩色的；照的都是同一个地方，但景物一直在变：土坯房渐渐变成砖瓦房，砖瓦房拆了，土地空了一段时间，然后又盖起了小木屋；小木屋变得越来越旧，周围的树越来越少了，然后小木屋也被拆了；草地被铲掉了，树被伐掉了，还铺了路，然后盖起了高楼，人也多了。如果不是因为后面有一座山，那座山没有太大的变化，真看不出拍的是同一个地方。我问给我看照片的人，这些照片总共经过了多少年，他说不知道，偶然在外面看到，觉得很有意思，就买回来了。

它就像家乡的一本书。一代人记录一个时代在这片土地上发生的故事，下一代人再接着记录，这本书就从千年之前，写到了千年之后。你会发现，很多东西都在变。过去有些大家族，还有写族谱的传统。哪年哪月哪日什么时辰，生了个什么孩子；又到哪年哪月哪日什么时辰，这个人结婚；又到哪年哪月哪日什么时辰，他生了个孩子；一直记到他去世，记得很清楚。祖祖辈辈一直记下来，整个家族的人丁情况会很明了。

我是个作家，也是个老师。我特别喜欢把自己知道的东西教给别人，因为我明白，很多东西都在消失，我的生命也在一点一点地消失。我身上承载的所有东西，都需要传承下去。

一切都在变化。

景物在变化，生活在变化，时代也在变化，宇宙也一直在变。虚空中充满了无穷的变化，怎么变，好像没有尽头，永远都有新的因缘在聚合，永远都有旧的因缘在离散。天地就是这样。这就是这个世界的真相。当一个人明白这个变化，洞悉这个变化的真相而不去执着的时候，他就成了一个有智慧的人。

4. 多言无益，不如守"中"

多言数穷，不如守中。

孩子们，你们觉得一个人多说话好不好呢？在我小时候，妈妈常说"少说话，威信高；多吃馒头，身体好"。意思就是不要说太多话。为什么这么说呢？话说多了，确实不好。

一是说话多了，容易生病。因为说的话多了，会伤气；二是容易伤心，伤了心，气脉就不通了；三是容易发怒，人在说话时容易动气，一生气就火烧功德林了；四是说话容易带有情绪，情绪一过度，也不好。

关于"守中"，有个故事。佛陀早年是修苦行的，饿得前胸贴后背。后来，河上漂来一个竹排，一个琴师正在调教他的弟子。琴师说："琴弦调得太紧，容易断；调得太松，弹不出琴音。所以，琴弦的松紧力度很重要。佛陀听后，立即明白了，修行不能走极端，而是要守住中道。

那么，"中"是什么呢？"中"就是心，"守中"就是守住自己的心。如何守住呢？儒释道各有各的方法。

当然，还有人觉得七情不发才是"中"，也就是不让喜怒哀乐各种情绪发作，静静地观察自己的心，在寂静中感受这个世界的瞬息万变。这是有道理的。智者就是这样，不管外界怎样变化，他永远都是不悲不喜、不嗔不怒的，追求一种平和、和谐的状态。

第六章

万物的母亲

谷神不死，是谓玄牝①。玄牝之门，是谓天地根。绵绵若存，用之不勤。

---

①　玄牝（xuánpìn）：滋生万物的本源。牝，雌性的（指鸟兽），跟"牡"相对。

孩子们，你们是不是觉得《道德经》很难学呀？的确，里面有那么多不认识的字、不知道的词、不知道意思的句子，要知道，《道德经》是老子两千多年前写的。在这五千言中，有很多字词，今天的人们已经不用了；也有很多字词，其含义在几千年的岁月变迁中发生了天翻地覆的变化，它今天的意思已远远不是老子时代的意思了。

比如，"谷神"，有人说"谷"是山谷的谷，它中间是虚的；也有人说是五谷的谷，代指养生。"神"指的是一种渺渺茫茫、恍恍惚惚的没有形状的物。因为"谷"是虚的，所以能生出万物。"谷神"在这里代指空虚无形却变幻莫测、永恒不灭的"道"。还有"玄牝"，这里的"牝"代表雌性、母性。为什么呢？因为雌性具有生育功能，只有妈妈，才可以生出孩子来。这句话说明了母性在自然界中的重要作用，是天地万物的来处。合起来，这句话的大概意思就是："道"连绵不绝，就像雌性，它不仅具有生养万物的能力，还有生养万物的智慧；它可以从无中生出有来，从虚中生出实体的天地万物，乃至整个宇宙；宇宙的虚空产生了天地万物，而万物生生不息的能量又是天地的动力，它是永存的，也是取之不尽的，可以自然地使用它。

1. 大道不死

谷神不死，是谓玄牝。

那么，老子为什么要用"谷神"作为对道的一种比喻呢？

什么是谷？几座大山之间的洼地称为谷，它里面是空空荡荡的。正因为空空荡荡，所以能通过流水，容纳许多东西。平时它没有任何声音，非常安静，但你朝它吼上一声，它就会响起响亮的回声，似乎整个山谷里都是回声。

孩子们，你们一定要明白，一切事物都离不了"成住坏空"。这是它们共同的生命规律。春天，一根小草从地里长出来；到了夏天，它长得特别旺盛；但一到秋天，它的生长就缓慢了，直到被霜肃杀死。再比如，一个小孩子从妈妈的肚子里出来，来到这个世界上，我们叫"成"；通过吃妈妈的奶水，到后来吃饭慢慢长大，成为一个大人，是"住"；再后来，他会随着年龄的增长，慢慢走向衰老，叫"坏"；直到有一天，他的内脏功能衰竭，停止了呼吸，就是"空"。所以，一切事物都离不开"成住坏空"，离不开空性。"成住坏空"便是空性。而这个空性是贯穿整个事物始终的，因为万物在生成的同时，就已经在变化着。

你们想想，有谁可以阻止你们长大呢？在这个世界上，有没有一种力量可以阻止一个人不衰老，让春天永远都是春天，让太阳永远挂在天上，让温暖的清风永远吹拂？当然没有。

所以，人类会死，就连空气中的细菌都会死，大千世界、宇宙万物都会死，但空性不死。空性无处不在、无时不在、无始无终、不生不灭，它是永远不会消失的。宇宙万物是由因缘的聚合与离散决定的，因为因缘一直在变，所以，世界上就没有不变的东西。就算有，也是空性。大道就是空性，所以大道不死，谷神不死。

千说万说，道只有两个特点：第一，它看上去是虚无的，但却能生出万物，就像妈妈一样，有一种强大的、天然的孕育的力量，而且这种力量无处不在、无时不有。第二，虽然它能生出万物，但是却控制、约束不了万物。在我的家乡，当一些妈妈说起自己不听话的孩子时，就会说"生了他的身，生不了他的心"。意思就是作为妈妈，她只能生下他，他长大后具体干什么，会有怎样的行为，都是他个人的事，妈妈是决定不了的。道也是这样，道只管生万物，只会也只能顺万物自己的规律任其发展。

还有一种说法很有意思，科学家认为"玄牝"是宇宙黑洞，还说老子真了不起，居然知道宇宙的原动力就是黑洞。如果是这样，《道德经》就有点霍金的宇宙学的味道了。这也许有一定的道理，"玄牝"确实可以理解为黑色的洞，比如玄铁就是黑色的铁块，但"玄"不仅仅是黑色，它还有"玄妙"的意思。"玄牝"还可以理解为玄妙的母性力量、玄妙的原动力，这跟老子的原意也许更为贴切。

2. 道乃天地之根

玄牝之门，是谓天地根。

在老百姓口中，常会说到"老天爷"。那你们知道老天爷是谁吗？为什么人们会这么怕它又这么敬它呢？

原来，老百姓口中的老天爷不是天空的天，也不是一天两天的天，它是一种人格化了的"神"，甚至算得上是老百姓心目中最大的神了。大到什么程度呢？它具有无所不能的威力。所以，在中国古代，皇帝会在特殊的时候，举行祭天仪式。皇帝祭天一般有两个目的：一个是祈祷老天能够保佑国泰民安，另一个是感恩老天让这一年来风调雨顺。祭天过程非常隆重，皇帝会非常虔诚地三拜九叩。在我们的首都北京，有个天坛，那就是明清时期

皇帝们祭天的地方。值得一提的是，只有皇帝才有权利祭天，普通老百姓是不能祭天的。因为皇帝过去被称为"天子"，也就是老天爷的儿子，所以他享有特权，具有无上的威力，只有他才能祭天。

前面已经说了，道就像一位慈祥、无私的妈妈，是玄妙的原创力之门，也是天地之根，是万物的由来。老天爷虽然很厉害，但它再厉害，也大不过道。它也与这世界上的万物一样，只不过是道的载体之一，不是道的本体。尽管如此，你们还是要明白"天"在我们中华文化中的地位。

看过《西游记》的孩子就知道，"天"是一个比我们这个世界还要广大的世界。在那个神秘的所在，不仅有我们这个世界里拥有的一切，比如江河湖海、高山大树，更有金碧辉煌的宫殿、

南天门，还有玉皇大帝、无数的天神和天兵天将，他们个个神通广大，主宰着我们这个世界。这是神话传说赋予"天"的意义。

不仅如此，在老百姓的观念中，它还像法官一样，决定着人间的旦夕祸福呢。在我的《大漠祭》中，就有这样一个情节：当老顺知道自己的儿子得了癌症，非常绝望地说："由天断吧。"（断就是决定，意思是由老天爷决定吧。）猛子也黑了脸，半天说不出一句话，最后爆出一句怒吼，骂了老天一句。在他们看来，老天爷是有力量的，掌握着万物的命运。虽然这样，但他们在有些时候，不一定相信老天爷的公正。猛子觉得，既然善有善报、恶有恶报，憨头那么好的人就不该得恶病，憨头得了恶病，说明老天爷不公正，所以他就骂老天爷。虽然是我小说里的情节，但在西部，这是老百姓的一种观念，他们认为天意不可违。中国有一句老话"顺天者昌，逆天者亡"，意思是顺应天意和天道，才能昌盛；如果违逆了天意，就是自取灭亡。所以，在老天爷的面前，人是微不足道的。这些观念和思想与我国古代封建王朝大力推行儒家文化密切相关。

还有一种说法，天还可以给人类以某种启发。"天启"的意思就是这样。虽然它不能直接说话，告诉你些什么，但它可以通过某种信息，给人一种启发。

在老百姓眼里，天无所不能，无所不包，它非常重要。在我的家乡，有个腾格里大沙漠，"腾格里"就是蒙古语"天"的意思。元朝时，成吉思汗每次出征，都要非常虔诚地祭天，因为蒙古族信仰"长生天"。到了现代，人们对于天的祭拜仪式消失了，对于天的敬畏也消失了，人们越来越不相信"老天爷"

了，也不再相信"人在做，天在看"了。所以，老天就从人格化的"神"降为这个世界与"地"相对的一个"道具"。

不过，即使老天成为这个宇宙的一个"道具"，天还是有某种精神的。孩子们，你们知道天体运行吗？《易经》说："天行健，君子以自强不息；地势坤，君子以厚德载物。"意思是君子处世，

应该像天一样，永不停息，发愤图强（因为天体一直都在运行，从不止步，君子也应当如此）；同时，也应该像大地一样，增厚美德，容纳万物（不论你给它什么，它都毫无怨言，全然接受）。所以，你们一定要明白，在中华文化中，天地是不可忽视的一种存在，正是天与地的这种特性，塑造了中国人低调、内敛、包容、博大的人文品格。

《道德经》讲的就是道的本体与载体。其中，"道"代表道的本体，是一种原创性、功能性、超越性、内存性的东西，它遍布一切；"德"代表道的载体、道的重要容器，无德者便无道，古代把暴君称为无道昏君。所以，修道必须先修德。

3. 绵长的呼吸

绵绵若存，用之不勤。

孩子们，你们观察过乌龟吗？乌龟的寿命很长，它的呼吸很有意思。我们呼吸的时候，总是慢慢地吸气，再慢慢吐出去，这个过程推动身体的血液循环。而乌龟每呼吸一次，就会停顿一下，而且它呼吸非常缓慢，慢到一般人感受不到。

相传，古时候有个人学习了一种龟息法，后来，这个人活了很久。这个人学会的龟息法有点像老子所说的"绵绵若存"，就是那种非常绵长、非常纤细的呼吸，它像丝一样绵绵不断。

在佛教数息观的训练中，还有一种通过数呼吸来定心的方法。

如果人念头多，可以观呼吸。

为什么叫"若存"呢？因为，你的呼吸好像有，又好像无。慢慢地，你就会进入到胎息的状态，有人也称之为真息。真息是没有杂念的。所谓"真息"，就是进入真心状态，呼吸若存若亡。

你们喜欢看武侠剧吗？要知道，最好的功夫往往是没有招式的。一个人武功练到出神入化、炉火纯青的地步，就不再按原来的规则出招了，他会在原有的基础上，创造出自己的东西。真正的大师都这样，这也就是无招胜有招。最好的呼吸也是这样，你感觉不到自己在呼吸，也听不到呼吸的声音，一切都是自然而然的。这种呼吸法属于文火。你们可能不知道，人们不管是在熬药，还是在熬煮牛头时，刚开始会用大火将水烧开，然后再将火调到最小的程度，火力小而缓，让它慢慢地熬。如果用火太大，水很

快就会煮干了。所以，熬药最好的方式就是火既不能太大，也不能灭了。呼吸也是这样，训练到一定程度，进入那种龟息的状态，让它成为你的一种常态，既不着力，也不丢失。

"用之不勤"，你们一定要明白，这里的"勤"是执着的意思。我们在学习的时候，要刻苦、认真，但不能过于执着。过于执着，就会成为一种压力，就达不到最好效果了。你们学了《道德经》，就要用。读书也好，写作业也好，做什么，都要认真做而不过于执着。这样，才能达到最好的效果。

第七章

小私和大私

天长地久。天地所以能长且久者，以其不自生，故能长生。是以圣人后其身而身先，外其身而身存。非以其无私邪？故能成其私。

让我们继续跟随老子的步伐，探索道无穷的秘密。在这一章中，老子专门谈到了天长地久，谈到了圣人的长生与无私，那么，天长地久与圣人的长生无私有什么关系呢？世上的事物千千万，为什么老子老拿"天地"来说事呢？

我们先来看看这一章的意思：天长地久，天地之所以能长久存在，是因为它们不为了自己而生存。圣人也是这样，他总是把自身利益放在众生利益的后面，赢得了众生的爱戴和敬仰；也总是把自身置之度外，得到了自我的长存。而这，不正是圣人的无私吗？正因为如此，圣人才成就了自己。

这是老子在告诉我们，真正值得一个人追求的东西是什么，它们值得追求的原因又是什么。

我曾经说过，利众就是最大的利己。最初的时候，我只是一个文学青年。我想当作家，不是为了出名，也不是为了赚取更多的稿费，我的初衷是想为家乡的父老乡亲们说说话，为天下受苦的老百姓说说话。在那个年代，他们过得很苦，一年辛辛苦苦地劳作，也挣不了多少钱。为了实现这个梦想，也为了获得大智慧，我走向了传统的人格修炼之路。再后来，为了让更多迷茫而痛苦的心灵也得到解脱，感受中华优秀传统文化的魅力，我开始大量著书立说，并成为一名文化志愿者。为此，我拒绝了很多东西。等我写出这些作品，很多读者获益了，也加入了这个志愿者团队，向人们推荐那些影响了他们人生的书。因此，我的读者更多了。我通过著书的方式做着利众的事，从一个文学青年成长为一名作家。

雷锋是个活了二十二岁的共产主义战士，他做好事持之以恒、他全心全意为人民服务的精神被人民铭记，雷锋精神影响了一代又一代的中国人。在人类历史上，有无数这样的人，他们无不因无私忘我而最终成就了一个大我。

所以，很多事情都是有关联的。有句老话说"爱出者爱返，福往者福来"。太阳给了世界光明和温暖，所以成为人们歌颂和赞美的对象；圣人没有自己，心中念想的都是利益众生，所以得到了人们的千古敬仰。

1. 何谓圣人

天长地久。天地所以能长且久者，以其不自生，故能长生。是以圣人后其身而身先，外其身而身存。非以其无私邪？故能成其私。

《西游记》是百看不厌的古典名著，你们一定要认真读。里面的很多故事很有深意。有一个孩子在十二岁前读了十二遍《西游记》，突然有一天，他若有所思地对他妈妈说："吴承恩太了不起了，他给孙悟空居然起了个'悟空'的名字。"这句话令他妈妈很吃惊，说明这个孩子在思考一些深层次的东西了。你们也一样，对于这本名著，一定要边读边思考，为什么会是这样而不是那样。

在《西游记》中，有一个情节，孙悟空拜了菩提祖师为师，要向他学法。菩提祖师传一个法，孙悟空就问，能不能让他长生

雪漠说老子：让孩子爱上《道德经》

不老，菩提祖师说不能，孙悟空就不学。菩提祖师再教一个，孙悟空又问，能不能长生不老，菩提祖师还说不能，孙悟空又不学。直到后来，菩提祖师终于说了一个可以长生的法，孙悟空才肯学。

　　长生不老是自古以来许多人追求的梦想。正因为想长生不老，所以才有那么多妖怪想吃唐僧肉；正因为要长生不老，也才有那么多帝王将相为求炼丹不惜残害忠良。前面已经给你们讲了，这个世界最大的规律就是一切都逃不了生老病死，也就是说，没有什么能长生不老。即使是天长地久，也是相对于人类短暂的几十年而言。老子之所以说天长地久，不过是他没办法再用其他东西比喻，就只好用相对更长的天和相对更久的地了。事实上，天地的寿命不过是一个时生时灭的水泡。

　　老子求的不是永恒，他知道，世上只有"谷神不死"。他想表达这样一个道理：天之所以为天，之所以长久，不是为了它自己；地之所以为地，之所以长久，也不是为了它自己。因为它们都不是为了自己，所以它们才能长久。同样的道理，圣人之所以为圣人，之所以得到万古敬仰，也不是为了他们自己。正是因为不为自己，他们才影响了世界，才实现了不朽。

　　"圣人后其身而身先"，圣人永远把自己放在最后，但他往往能被人类所铭记。许多圣人都是这样，表面上后退，尽量不让人知道，像老子，最后出函谷关去了，但直到今天，谁也忘不了他。

　　"外其身而身存"，不在乎自己的身体，但生命往往很长。这个生命不单纯是肉体生命，也包括智慧生命。

　　"非以其无私邪？"难道不是因为他们的无私吗？圣人的无

私，往往能成就圣人之私。"私"也是相对的，它仅仅是一个人的心愿。他想利众，那么利众就是他的私心；他想利己，那么利己就是他的私心。发愿利众，以利众为私的人，就是圣人。圣人之私，其实是一种大心和大愿，是无私。正因为他们的无私，他们的愿望反而能实现。

你们看到这些，是不是觉得老子特别伟大？你看，他的思想影响了中国文化两千多年，也为世人构建了非常重要的价值标杆：无私、无为、为公、利他。认可这种思想的人，就会通过升华自己来成就自己。

老子的这种价值观是伟人、圣贤的土壤，后世很多伟大思想的出现，都跟它有关。如西汉文景之治时期，国家推行"轻徭薄赋"①"与民休息"政策，连皇帝的生活都很简朴，为了鼓励农业发展，他们带头下地耕种。臣子们看到皇帝都这样，更不敢贪婪②奢华③，整个社会的风气都很好。到汉景帝时，国家从楚汉之争后的经济萧条，变得繁荣富裕，成了中国历史上的一个盛世。

你们一定知道孙中山吧，他是中国近代民主革命的先行者。他领导了辛亥革命，推翻了两千多年的封建帝制。他倡导的"天下为公"，跟老子的思想有关。所以，老子的思想就像中国文化的原点，怎么都绕不过去。这也证明了这一点："天地所以能长且久者，以其不自生，故能长生。""非以其无私邪？故能成其私。"

---

① 轻徭薄赋（qīngyáo-bó fù）：减轻劳役和税收。
② 贪婪（tānlán）：贪得无厌。
③ 奢华（shēhuá）：奢侈豪华。

2. 因不自生，故能天长地久

天地所以能长且久者，以其不自生，故能长生。

孩子们，你们回忆一下，小时候学画画，每当画到太阳的时候，老师是不是会说是"太阳公公"呢？

在天底下，太阳是最公平公正的，不管是鲜花还是毒草，它都一视同仁，不会偏向任何一方。它也不会因为你是好人，就多给你点阳光；也不会因为某个人是坏人，就不照耀他。在太阳那里，世上万物都是平等的，哪怕一只小小的蚂蚁，只要它爬出自己的洞口，太阳也会毫不吝啬地把阳光和温暖给它。只要你需要阳光，愿意到阳光下，它就照耀你。苍天也是这样，苍天没有不覆盖的东西——古人认为天是圆的，地是方的，天盖着地。当然，这种观点后来被科学推翻了，但老子这里只是一种象征，他指的并不是地理学上的天地，而是乾坤，道中的境界——"公心"。芸芸众生，世上万物，苍天都盖着，大地都承载着，太阳也照着，这就是"公心"。没有个人意志，没有个人喜恶，完全为了利众，完全奉献自己的一切。

你们反观一下自己，是不是小伙伴对你好，你才会对他好；如果他对你不好，你也会对他不好呢？其实，不只是你们，我们大多数人都是这样的，在与人的交往中，都会有个人的偏见和喜好，很少能做到以一颗公心去对待别人。但圣人不是这样，圣人只管做自己、只管对你好，至于你如何回应他、会不会回应他，他是不在乎的。这就是老子为什么要拿天地与圣人类比。

正因为天地有公心——它无所不包，你给它一粒种子，它就会完全接受；你给它一吨垃圾，它也毫无怨言。圣人也是这样，在他眼里，无贫富贵贱，无高低大小，他会用一颗没有分别的心对待一切。

所以，一个人如真能达到这种境界，他的公心就是自然而然的。一个人只要有了这样一颗公心，就能做到"无缘大慈，同体大悲"。

需要说明的是，这个"公"，可不是我们常说的"公家"的"公"。"公家"虽然大于个体，但它有着很大的局限性。老子所说的"公"，是没有任何隔阂①，不存在任何冲突和矛盾，完全融合为一的"公"。

虽然我们口头上常说着"公"，但很多时候也是相对的，不是真正的"公"。因为我们说的"公"，很可能是指一个群体或一个阶层。而真正的"公"是大公，它没有界限，更不是从个人的角度来看问题。

给你们讲个"祁奚之荐"的故事。春秋战国时候，有个叫祁奚的人，他请求告老还乡，晋悼公向他询问谁能接替他的职位，他说，解狐不错。晋悼公又问："解狐不是你的仇人吗？"祁奚说："您问的是谁能做中军尉，没有问谁是我的仇人哪！"不料，解狐死了，晋悼公又问谁可以胜任，祁奚说祁午可以。晋悼公问："祁午不是你儿子吗？"祁奚回答道："您问的是谁能当中军尉，

雪漠说老子
：：让孩子爱上《道德经》

---

① 隔阂（géhé）：彼此情意沟通的障碍；思想上有距离。

没有问谁是我儿子呀！"

他们两人的这个对话很有名，因为它显示了一种公心。祁奚只看谁能做好这个事情，谁该做这个事情，不管亲疏憎恶，完全是一视同仁。所以，他被认为是"内举不避亲，外举不避仇"的典范。他在推荐人才时，不会因为是儿子或仇人就特殊对待，只要你符合这个位置的标准，你能把事情做好，他就推荐你。这虽是典型的公心，但仍然不是老子说的"大公"。

老子所说的"大公"，还包含一种无为的东西。他认为天地之所以长久，不是因为天地希望自己长久，也不是为了自己而长久；天地之所以为天地，不是因为天地希望自己当天地，也不是为了自己而当天地。如果天地有这些念头，它就不是天地了。天地没有个人喜恶之情，天地本身就是这样。它们不是为了自己而做天地的，它们本来就是天地，本来就有天地，本来就一视同仁。

老子在《道德经》中谈到的"长生"，大多是证道的意思。"寿同天地"真正的意思，并不是说像天地一样长寿，而是说像天地一样无生亦无灭。而这个天地，同样不是物质上的天地、地理学中的天地，而是道中的特指。精神与大道合二为一，你就会证道，这才是老子所说的真正的"长生"。

"长生"还有一种哲学意义，就是相对永恒。只要宇宙存在，地球存在，人类存在，我们就会记得老子、庄子这些圣人。这也是一种"长生"。

3. 退其后，德显前

是以圣人后其身而身先。

你们听过"功成身退"这个成语吗？在我国历史上，有大智慧的人都是这样，在取得成功后，就悄悄地隐退了。

其中最典型的当数范蠡了。他曾献策辅助越王勾践，打败了吴王夫差。在功成名就之后，他就急流勇退，在民间改换名姓，成了一个地地道道的商人。他赚钱既不为名，也不为利，每次大赚之后，都会散尽家财，被后世称为"陶朱公""商圣"。还有汉代的张良，他凭借出色的智谋，协助汉王刘邦建立了汉王朝，后来，还帮助吕后之子刘盈成为皇太子。他从不留恋名利权位，自己的"使命"完成之后，就远离政治中心，去云游四海了。因为他们知道，如果功高盖主，就会引来杀身之祸。历史上有很多大臣、大将因为不懂这个道理，居功自傲，引起皇帝猜忌，最终被杀掉。所以，名气太大不是好事，功高震主更不是好事。无数的历史教训，都证明了这一点：求名声的，大多会被名声连累；不求名，反而会赢得举世敬仰。

一个凡人会这样，圣人更是如此了。所以，圣人从来不求取什么，他只管把自己低到尘埃里，让人们踩；他只管自己付出，

做事总是默默无闻，从不张扬。很多人在生前非常低调，从不卖弄，直到他离开，人们才知道他达到了什么境界。老子生前一直都是谦卑的，要不是尹喜向他求教，他也不会说。圣人就像一口钟，不敲不响，因为他知道一切要顺其自然。他并没有因为自己的隐去，就被人们遗忘。而那些跳梁小丑，不论他们如何争夺，历史并不会因为他们的上蹿下跳就记住他们，给他们更多的厚爱。相反，他们的"死去"比肉体腐烂得还快。

你们一定要明白，人生很多时候是不需要争的。你只管做好你自己。等你足够好时，你不争的那些东西自然会找上门来。对这一点，我有非常深的体会，因为我一直是这样。很早的时候，我在陕西省武威教委教研室工作。工作了十多年，我还没有职称，最初参加过几次考评会，后来我也懒得去了。为什么？因为我不在乎那个东西，不想跟在乎的人争。我们教研室管职称，但我的职称一直是最低的。到了省里当作家，我也还是既不管也不争，结果怎么样呢？我不但有了最高职称，也得到了很多荣誉。这些都不是我争来的。我从来都是躲在后面，很多会我也不参加，我对这些不在乎，在乎的永远是做好自己。后来，我不争的那些东西，比如荣誉、职称、别人的尊重等，我都得到了。反而那些争了的人，虽然花了很多时间，也花了很多精力，在争的过程中，还得罪了很多同事，最后仍然得不到。

　　为什么我一直不争呢？因为我觉得生命有限，还是把时间用来做更重要的事情吧。我一直退让，只管做好自己，退到别人找不到的地方，但很多人还是找来了。很多时候都是这样，该是你的就是你的，别人争不走；不是你的，你争也没有用，不如不争。所以，人最主要的不是显示自己，而是做好自己。如果你做好自己，做好该做的事情，就算你躲，人们也会找到你。早年，诸葛亮隐居在南阳，一直做着他的闲散淡人；后来，刘备要匡扶汉室，听说他的才学后，就三顾茅庐，请他出山辅佐自己。

　　所以，你应该从前人身上吸取一些经验，以后不用去争什么，你只管做好自己就够了。

4.外其身，反而长生

外其身而身存。

孩子们，你们家里都养花吧？那你们知道怎么才能让花长得更好吗？

真正会养花的人都知道，最好的养花方法无非是该浇水的时候浇水，该施肥的时候施肥，剩下的就是让花自由生长了。如果不这样，你今天凑上去摸摸叶子，明天再扶扶枝杆，时间久了，那花就会无精打采的。你要是不信可以试试。不仅养花是这样，对于我们身体的爱护也是这样。这就是老子说的"外其身而身存"。

现在市场上有五花八门的保健品，之所以有这么多保健品，是因为很多人都开始注重保健。市场经济就是这样，有什么样的需求，就会有什么样的供给。

我认识很多特别注意身体的人，但他们的身体却普遍不好。他们吃了很多保健品，越是养生，身体越是糟糕。所以，太在乎身体也不好，反而会破坏人体本身的自然节律。这就是过犹不及。

对于一件事物，不太在乎它，它可能会发展得很好；当你过于在乎，反而会出现很多问题。有些孩子一生下来，就被爷爷奶奶、爸爸妈妈宠爱着，要啥给啥，成长环境像温室一样，他的身体就有可能比较孱弱①，免疫力也很低下，只要天气稍有变化，

---

① 孱弱（chánruò）：（身体）瘦弱。

他就有可能生病。相反，你看那些西部农村的孩子，天天在土窝窝里玩，但他们的脸蛋红扑扑的，身体也很健康、很结实。到了冬天，如果你去了西部，就会看到他们穿得很少，脸冻得跟猪肝一样红。尽管环境恶劣，他们却都很健康、快乐。因此，不要过于在乎身体，不要过于在乎个人安危，不要过于在乎自己的得失，就是君子"外其身"。既"外其身"，又有健康的生活方式，你的身体反而会很好。我们老家有很多老人很健康、很长寿，但他们根本没有营养方面的概念，也不懂养生。我到藏区去，藏区也有很多一百多岁的老人，他们也不懂怎么养生。所以，想要长寿，不是格外爱护自己的身体就可以做到的。只要不伤害自己的身体，不糟蹋①自己的健康，然后提高自己的修养和境界，身体自然就会很好。

5. 因其无私，故能成其私

非以其无私邪？故能成其私。

在中华民族文化中，始终有一种非常优秀的精神，即"忧国忧民，胸怀天下"。后来，这种精神被宋朝的一个人用一句话概括了。这个人就是范仲淹，这句话就是脍炙人口②的名言"先天

---

① 糟蹋（zāotà）：浪费或损坏。
② 脍炙人口（kuàizhì-rénkǒu）：美味人人都爱吃，比喻好的诗文或事物，人们都称赞。

下之忧而忧，后天下之乐而乐"。

为什么范仲淹能说出这样的话呢？这是他的胸怀和人格所决定的。

范仲淹年少时住在一个寺院里发奋读书，他想要考取功名，改变命运。那时候，他的生活非常艰苦，一天煮一锅粥，粥凉了之后凝结成块，他把粥划分为四块，早上吃两块，晚上吃两块。在这样的条件下，他考取功名的梦想从未改变。"断齑画粥"①的典故就由此而来。范仲淹具有高尚的人格，他用自己的俸禄买田，养活一些老百姓；资助贫困弟子读书；还赡养一些孤寡老人；他还把自己的房子捐出来修学堂。他是真正无私的人。正是他这些无私行为，造就了一个在几百年后依然被人们所敬仰的人。这就是"非以其无私邪？故能成其私"。在历史上，有无数这样的人，他们的无私，使他们能够风雅千年。

为什么他们就能做到无私呢？我告诉你们，因为他们有信仰，有大愿，也就是非常大的梦想。在那个梦想面前，个人的一切享受、得失都变得不重要了。他们拒绝一切诱惑，专心致志地实现他们的梦想。

真正的信仰，是比生命更重要的。一个人可以丢掉生命，但不能背叛信仰。圣人不为自己升官发财，不为自己争功名利禄，只想做对民众有益的事。他是无私的。因为无私，他的愿望都能实现。

很多时候，无私看起来是在利他，但成就的其实是自己。如

————————

① 断齑画粥（duàn jī-huà zhōu）：齑，酱菜或腌菜之类。指食物粗简微薄。形容贫苦力学。

果没有做到无私，老子就不是老子。历史上那么多令我们感动的故事，那么多值得我们学习的人，他们代表的，正是一种无私的精神。

第八章

做水一样的君子

原文

上善若水。水善利万物而不争，处众人之所恶，故几于道。居善地，心善渊，与善仁，言善信，政善治，事善能，动善时。夫唯不争，故无尤。

　　孩子们，《道德经》是不是越学越有趣，越学越感觉好玩呢？我从十八岁开始背诵《道德经》，直到多年后，才明白这五千言文字背后的深意。那时，我总是忍不住偷笑。你们知道为什么吗？唐宋八大家之一的欧阳修曾说自己是"醉翁"，因为他"醉翁之意不在酒，在乎山水之间也"。而我要说的是，在这个世界上，最深藏不露的"醉翁"其实是老子。你看他通篇都是晦涩、高深的词语，让人看得云里雾里，还大谈什么天地法则、安邦之策、为人之道、处世原则。但你们要明白，他真正的深意都在言外，他的这些话是典型的"话里有话"。

　　我看《道德经》，总感觉老子就像有一双超然物外的"慧眼"，总是观察着这个宇宙间的一切变化，还有人世间的浮浮沉沉。所以，他以有限的言说，道尽了无限的大千。

　　在这一章中，老子一开篇就说了，最好的善，就像水一样。为什么呢？因为它滋润着万物，但它从来不会在乎万物能给予它什么样的回报；当人们一窝蜂地向高处挤去时，它也始终是自甘低下，处在人们不喜欢的地方。正是因为水具有这样的德行，它才达到了无为的境界。

所以，老子在借水之德告诉我们如何更好地做人处世：一个人要待在适合自己的地方，心要像深水一样，宁静深邃；与人交往，要有一颗仁爱之心；说话也要讲求诚信，做一个实实在在的人；为官更要善于治理，办事要有能力，行动时，最好还要抓住时机。只有做到像水一样，才不会遭到他人的怨恨和妒忌。

你们一定要明白，老子拿水说事，是因为水有别的事物所不具备的一种特性。什么特性呢？首先，你看它遇方成方，遇圆成圆，从不以固定不变的形式出现，这种灵活性使它可以无处不在。在高山平原，它是涓涓的流水；在高空蓝天，它就化为了雨雪。水的这种随机应变既是一种能力，也是一种智慧。

你们一定听过"水滴石穿"的故事吧！一滴小小的水滴，就像草尖上的露珠一样，根本没有什么力量。但它从高处滴落下来，天长日久，竟然可以滴穿石头，想想都不可思议，是吧？而当无数的水滴汇集起来，它们就像万马奔腾一样，能冲破堤坝，令人闻风丧胆。现在你们说说，水到底有没有力量呢？

其实，世上有许多事物都是这样，看上去一个个体总是很弱小、微不足道，但无数个个体凝聚起来，到一定的时候，就能成为一股无坚不摧的力量。

孔子说过"仁者乐山，智者乐水"。水有所为有所不为，它"不争"，所以能适应一切险恶的环境。这是水的智慧，也是智者所具备的一种智慧。想想我们现在所处的世界，充满了纷争，充满了欲望。如果人人都有水的品行，不论处在什么样的位置，不论住着什么样的房子，都不争不抢，那么我们的生活是不是少了许多纷争和灾难呢？这样，我们每个人都只做好自己，那这个世界就会多一些清凉和喜乐。

但让人遗憾的是，现实却并不是这样。很多人看似很聪明，却根本不懂人是怎么一回事，人生是怎么一回事。他们总是看不清自己的身份，总是争啊抢啊，他们像是一些被眼前景象欺骗了的孩子，总是看不清真相。有智慧的人不会这样，因为他们明白：自己只是这天地间的一个过客；真正的幸福不是来自心外的花花世界，而是

来自自己内心的幸福；真正的快乐也不是来自热闹的世界，而是来自自心的快乐。所以，智者从不对自己居住的环境过于挑剔，也从不会与别人争来争去。

所以，孩子们，你们要时时放眼看看这个世界，你们会发现它是那么美好，又是那么奇妙！而自然万物都在为我们宣说着"道"的真谛，这不需要我们再去做什么，只需要我们用一颗纯净无染的心去观察、去体会。

1. 上善若水，处恶不争

上善若水。水善利万物而不争，处众人之所恶，故几于道。

前面说了，老子是在借自然万物，宣说着"道"的本质。这一章同样如此，看起来讲的是水，实际上是通过水性在讲道。

在这个世界上，不管是动物还是植物，都是离不了水的。古希腊有个哲学家认为生命是起源于水的。他这样说，当然是有道理的。水是万物生存、生长的必备条件。没有水就没有生命。于是，老子说，最好的善，就像水一样。它虽然滋养着万物，但从来不争。那么，老子为什么要这么说呢？

一个人如果不吃饭只是喝水，可以存活一个月到四十天左右；但如果既不吃饭也不喝水，那么，他的生命极限只有七天。关于这种说法，我们在生活中也常会遇到类似案例。比如，地震发生后，有人只喝水存活了一个月，最终得到救援。你们去医院看病时，有的医生会说，要多喝水，不能等到渴极了再去补充水分。如果一个人等到口渴了再去喝水，已经有些晚了。因为当人感觉渴的时候，身体已经非常缺水了，这样，血液黏度过高，就会引发疾病。所以，你们早上起来后，一定要先喝一杯温开水，给身体补充些水分，把夜间流失了的水分补足了再做别的事。

现在，你们该明白了吧，水对我们的生命有多么重要。但它却像君子一样，从来不跟任何人争，既不争名，也不争利，更不会因为人们离不开它而沾沾自喜。所以，老子才倡导人们也要像水一样，既有利于万物，又不去争。

虽然老子早就悟到了"争"的可怕，还苦口婆心地将这智慧流传了下来；但在我们生活中，却很少有人照着去做，能够做到像水一样不争的，更是寥寥无几。相反，在我们周围，有很多关于"争"的故事。人们在无休止的钩心斗角和利益争夺中，失去了恬淡和谐的生活。

"处众人之所恶"，再次说明了水不争的品性。我们从小听大人们说，"人往高处走，水往低处流"。水去的地方，不管那里是洼地，还是藏污纳垢①的所在，它都不会嫌弃，它都会唱着歌奔腾着流过去。真正的修行人也是这样，他从不会挑剔环境，越是恶劣的地方，越磨炼他的心性。其实，一个人要想成长，恶劣的环境肯定要比顺意的环境锻炼人，这是毫无疑问的。

给你们讲个真实的故事。兰州有一位名医，有一次，他去造

----

① 藏污纳垢（cáng wū-nà gòu）：隐藏尘垢，聚集污物。比喻包容坏人坏事。

访一个朋友。这人住在一个用土坯垒成的土屋里，土炕上铺着麦草，一张席子和一床薄薄的被子，连门都没有。但这个人非常快乐。名医当天就住在这个朋友家里，他一晚上都没睡着，朋友却非常幸福、无忧无虑地睡着了。名医感触很深，他觉得自己有钱有地位却不快乐，为啥这个朋友生活困顿却如此快乐呢？这个朋友就很像水，即使在众人不愿去的地方，他也能非常快乐地活着。

所以，你只管去做一滴水珠，只管为别人奉献出你的爱，不论到哪里，你都要开开心心地，甘心做一个不争不抢的人。

2. 圣人如水

居善地，心善渊，与善仁，言善信，政善治，事善能，动善时。夫唯不争，故无尤。

孩子们，前面老子讲了水的特性，现在又苦口婆心地给我们讲述圣人的行事与处世方法。现在，就让我们一起通过水性，来看看圣人是如何做的。

首先，水完全没有自己，为什么呢？你让水到哪里，水就到哪里；不论哪里，都是最适合水的地方，水都会毫无怨言地全然接受。比如，把水洒到沙土中，水就渗进沙土里；把水引到低洼处，水就形成一片水域；把水引入大海，水就能完全融入，与大海成为一体；在高温下，水变成了水蒸气；寒冷的时候，水就成了冰和雪。其实，圣人也是这样，他对众生，像水对于众生一样如影随形，不离不弃。只要有需要他的地方，他就会出现在那个地方。

除此之外，圣人的心总像深邃的大海一样，表面上很平静，但内心非常博大、丰富。他不像西部人说的那种"浅碟子"，让人一目了然。尽管圣人有时显得沉默寡言，看上去深不可测，但这绝不是故作高深，不是刻意装出来的城府，而更多是一种博大和稳妥。

那么，圣人为什么会被称为"圣人"呢？其实很简单，圣人之所以为圣人，就是因为他有一颗圣心，有一系列圣心指导下的行为。圣人与人交往，不论对象是谁，都怀有一颗仁爱之心，就像你只要把水贡献给别人，别人就能得到益处一样：你给口渴的人，他就能解渴；你给洗衣服的人，他就能洗衣服；你给花农，他就能浇花；你给种树者，他就能给小树浇水。老天爷下一场及时雨，会让地球上的万物受益。水就是这样，它有无穷的妙用。圣人像水一样善巧任运，冬天结成冰，春天融为水，夏天蒸发了变成水蒸气，雨季一来又变成了雨。

3. 水之七德

苏辙（苏轼的弟弟）写过一部《道德真经注》，里面谈到了水的七种德行：

避高趋下，未尝有所逆，善地也。空虚静默，深不可测，善渊也。利泽万物，施而不求报，善仁也。圆必旋，方必折，塞必止，决爻①流，善信也。洗涤群秽，平准高下，善治也。遇物赋形，而不留于一，善能也。冬凝春泮②，涸溢不失节，善时也。

今天，我带大家认识一个"君子"，虽然他有着很好的德行，但很低调。自老子发现他的优秀品质以来，有无数的人歌颂他，赞美他。在给他的所有赞歌中，写得最好的当数宋朝的苏辙了。

苏辙曾写过一部《道德真经注》，他在里面谈到了这个"君子"，还说他有七种德行：

第一，"避高趋下"。他不愿意待在高处，永远往低处去。在人群中，他从不扎眼，更不会上蹿下跳，夸夸其谈。哪怕他处在高位，也不会压制别人，而是让人很舒服，总是有意地抬高别人，让自己低下。

第二，"空虚静默"。他的心中，没有那么多鸡零狗碎的东西，他不会说很多，总是默默地尽好自己的本分。

---

① 爻（yáo）：组成八卦的长短横道。
② 泮（pàn）：融解。

第三，"利泽万物，施而不求报"。他总是在奉献，润泽着世间万物，从不求回报。

第四，"圆必旋，方必折"。他会随着环境的变化而迅速调整自己，改变自己；他知道一切要随顺因缘，不会固执己见，把自己碰得头破血流；遇到障碍时，如果走不通，他就会马上停下来。他永远随顺世界，随缘应世。

第五，"洗涤群秽"。他善于洗去污秽。他到哪里，哪里就会变得安详、宁静，没有是非——就算有是非也会慢慢没了是非。

因为，他会用他强大的人格魅力清理一些负面的东西，即使刚开始有点不好，慢慢也会好起来。

第六，"平准高下"。因为无私，他的心中始终有一把尺子，他做事非常公正公平，不管你如何对他，他都会公正对你。

第七，"遇物赋形"。任何事物在他面前，都会显示出本有的形状。你美，他就能照出你的美；你丑，他就能照出你的丑。所有事物在他面前，展现的都是最真实的那一面，一点也不会走样。

"不留于一"。他不会贴上标签，他和什么人打交道，人们都会觉得和他是同一类人。因为，谁都能从他那里得到自己需要的营养。

这个"君子"就是水。他有这么多的美德，是人们学习的榜样。孩子们，你们也应该学习他的品德，做一个谦谦君子。

第九章

月圆之后有什么？

原文

持而盈之，不如其已；揣①而锐之，不可长保。金玉满堂，莫之能守；富贵而骄，自遗其咎。功遂身退，天之道也。

---

① 揣（zhuī）：捶击。

在很小的时候，我就很喜欢一句话："退一步海阔天空，忍一时风平浪静。"什么意思呢？有时候，我们需要停下前进的脚步，甚至后退一步。而这"退"不是一味地退，而是积蓄力量，为了更好地"进"。我们在与人相处时，要包容、忍耐，不能凡事斤斤计较，与人争来争去。当你没有争的心，世界就会很和平。这是一种处世的智慧。

这一章中，老子就从不同方面，说明了这个道理。让我们先来看看这段话是什么意思。

与其执着地抓住什么东西，还不如停下来；即使想方设法让一件利器更利，也不能让它长久地保持这种锐利；财富再多，不可能永远属于你；如果仗着自己拥有财富，就沾沾自喜，骄横自傲，迟早会给自己带来祸患；功成名就的时候，选择退隐，才是真正的大智慧。

这一章，老子通篇其实就讲了一点，做什么事都悠着点，不要追求太满，更不要骄傲，差不多的时候，就要停下来。

雪漠说老子：让孩子爱上《道德经》

1. 过犹不及，默默转身

持而盈之，不如其已。

雪漠爷爷小时候常玩沙子，因为我的家乡位于腾格里沙漠的边缘。当我抓住一把沙子，想把它攥^①在手中时，越攥，那沙子顺着指缝流得越多；相反，当我伸开手掌，让沙子在我手心里自然而然地存在时，反而会留住很多。这就是"持而盈之，不如其已"。

为什么有的人在抓住一个东西时，要把手攥得很紧呢？那是因为怕失去，想攥得更紧，也是为了让手中的东西能长久地属于自己。这其实是一种贪心，反映出的，也是一种想追求圆满的心态。但很多时候，能圆满的只能是自己的心对事物的态度。事物本身不可能圆满，因为任何事物都离不了"成住坏空"的发展规律。

我们都知道，天上的月亮每逢到了十五日就变得比较圆满。李白在他的诗中说"小时不识月，呼作白玉盘"，是说十五的月亮，就像白玉做成的盘子一样。但这圆满只是暂时的，紧接着，它就会慢慢变得残缺。花园中的花如果怒放到极致，等待它们的，就是颓败，它们不可能永远盛开；一个人成长到壮年，接下来便是走向衰老了。所以，一件事物达到极致，就会向反方向发展。在我们生活中其实有很多这种物极必反、乐极生悲的例子。比如，

---

① 攥（zuàn）：握；握住。

一个人买彩票中了大奖，但他兴奋过度，心脏一时承受不住，突然就死了。所以，过分也不好，我们不要追求圆满，要学会在遗憾中领略圆满。

再给你们分享一段我的真实经历。在我弟弟去世之前的一段时间，我一直有一种隐隐的担忧，总觉得有个巨大的隐患潜伏在我的身边。为什么呢？因为，我发现村里每户人家都有灾难，都有人得病，偏偏我们家非常圆满。当然，那时看来的圆满，在今天来看仍然很不圆满，因为我们很穷，吃不饱肚子，但很快乐，家里也没有人得病。感觉太完美了，我反而觉得不安。有趣的是，我从很小的时候就有这种智慧，总觉得某个东西太完美，就隐藏着一种不太好的东西。我当时特别害怕家里会出事。后来，我们家一头猪死了，我反而松了一口气，觉得可能是这个事吧。但过了一段时间，弟弟病重，没多久就去世了。当然，我强调的不是

这个现象，而是这种思维。

那么，我为什么会有这种思维呢？告诉你们一个秘密，因为我十多岁的时候，就开始背诵《道德经》《庄子》等经典了。站在巨人的肩膀上，我有了一种"会当凌绝顶，一览众山小"的格局和智慧。这种智慧使得我始终遵行一个处世原则，那就是凡事不求圆满，顺其自然就好。

我们既要接受自己的不完美，也要接受别人的不完美。或者说，你可以让自己更加完美，但要接受别人的不完美。我就是这样。因为我能接受别人不完美，我才总能发现别人的好。很多人都说，雪漠老师觉得谁都很好。这是对的。我总是能发现别人的好，然后用别人的好来对照自己的不好，这时我会更加尊重别人。我一直在跟很多人学东西，谁在哪方面比我强，我就跟他学。我总是能用别人的长处弥补自己的不足。

2. 在谦卑中慢慢生长

揣而锐之，不可长保。

孩子们，我们做个假设：如果一把刀非常锋利，但主人还要不停地锤打，还要磨炼它，想让它更锋利。那这样下去，会有什么样的结果呢？他会实现自己的愿望吗？

也许会，但这种状态不会长久。而更有可能的是，他这样做下去，迟早会毁了这把刀。这就是过犹不及。老子在这一章中，就讲了这个道理。你们一定要明白，如果你过于激进、过于拼搏、不顾一切地做某件事的话，很难长久地坚持下去。所以，古人一直在强调，我们做事要循序渐进，要遵循事物的发展规律，欲速则不达。

你们知道"拔苗助长"的故事吗？古时候有个人，他总是担忧他的禾苗长不高。有一天，他实在按捺^①不住急切的心情，就跑到田里，把禾苗一棵一棵往高里拔，把自己累个半死，但他很得意。回到家后对家人说，在他的帮助下，田里的禾苗一下子长高了。家人一听，跑到田里去看情况，结果发现禾苗都枯萎了。

在我们的生活中，其实有很多"拔苗助长"的人。很多年前，我的《大漠祭》出版后，很火，这让当地一些爱好文学的人看到了希望。于是，他们开始疯狂地写作，写了很多东西。后来，在

---

① 按捺（ànnà）：向下压，多比喻控制（情绪）。

坚持了一段时间后，他们都把自己搞得精疲力竭，再后来，便坚持不下去了。人们只看到我一夜成名了，但很多人并不知道，我为此默默地准备了许多年。不算前期的练笔，从执笔写《大漠祭》，到最后定稿，我用了整整十二年，是真正的"十年磨一剑"。

所以，你们如果要实现自己的梦想，就一定要悠着点，慢慢地、稳稳地走，不要着急，把追求梦想当成自己的生活方式，要享受这个追梦的过程。这样，只要生命有足够长度，你们就一定会实现梦想。

"揣而锐之，不可长保"，蕴含的意思就是：急于想促成某件事，急功近利地想要完成某件事，一般都很难长久。当然，其中还有另一种意思，就是做人不要锋芒毕露。

一个人如果老是和别人争论，老是想要说服别人，是不好的。我在年轻的时候，总喜欢和别人辩论。虽然我辩论不是争强好胜，而是为了表明自己的观点，可当我在语言上战胜对方时，其实就得罪了他。因为没有人希望自己被战胜。那时，我的身边只有一个朋友不和我争，每次我表达自己的观点时，他总是会附和，我天真地以为他同意我的观点，还把他当作真正的朋友。后来我才知道，他并不是真的认同我，而是认为我在吹牛。你们想想，这多有趣呀！那时，所有跟我辩论过的人都对我很反感，不反感的人，也觉得我在吹牛。这个发现令我懊悔。因为很小的时候，我妈妈就告诉我："少说话，威信高；多说话，惹人骂。"但我没有听进去。所以，这件事让我知道锋芒毕露不好，总要与人一争高低也不好。从此，我就变得很低调了。

孩子们，你们一定要认真学习《道德经》。学好《道德经》，你们就知道了如何做人、如何做事、如何处世。知道了这些，你们的人生自然会与众不同。

3. 雕栏玉砌今何在

金玉满堂，莫之能守。

南唐有个李后主，他写过一首脍炙人口的《虞美人·春花秋月何时了》"，其中有一句是"雕栏玉砌应犹在，只是朱颜改"，

什么意思呢？就是说曾经居住过的华丽宫殿都还在，只是居住在宫中的红粉佳人并非原来的模样了。这是作为皇帝的诗人在亡国后，对以往美好生活的怀念，同时也是对无常人生的一种感叹。

　　其实，不仅李煜有这样的感叹，古今中外，有太多太多的故事在诠释着这个简单的道理：金玉满堂，莫之能守。《红楼梦》中有一首诗，写了四大家族当年的富贵："贾不假，白玉为堂金作马；阿房宫，三百里，住不下金陵一个史；东海缺少白玉床，龙王来请金陵王；丰年好大雪，珍珠如土金如铁。"什么意思呢？就是说这个贾家呀，是真的富贵无比，你看那厅堂都是用白玉砌成的，就连装饰用的马匹也是由黄金打造；阿房宫即使绵延三百余里，也不及金陵史家的家业；东海龙缺少一张白玉做成的床，即使贵为龙王，也得恭恭敬敬地来求金陵的王家；还有那薛家，他们的财富就像丰年的大雪一样，飘飘洒洒，到处都是珍珠财宝，过的也是挥金如土的生活。不看《红楼梦》，单凭这首诗，就知道四大家族有多富贵了。但后来呢？再大的权势，再多的财富都随着家族的没落而烟消云散。

　　曹雪芹参透了这种无常，所以，在《红楼梦》这部小说中，这种感慨是贯穿全书的一种感情基调。比如，《好了歌》中说："古今将相在何方，荒冢①一堆草没了。"《好了歌》的注解中也说："陋室空堂，当年笏②满床；衰草枯杨，曾为歌舞场。"《飞鸟各投林》中，还说："为官的，家业凋零；富贵的，金银散尽。"所有这些，

---

①　冢（zhǒng）：坟墓。
②　笏（hù）：古代大臣上朝时手握的狭长板子，多为玉、象牙或竹片制成。

都说明了变化无常，也说明了"金玉满堂，莫之能守"的道理。

　　但在今天，一些人深陷在物欲的魔掌中出不来。想必你们会在新闻上看到一些贪官，他们手中的权力，本可以为老百姓做好事、谋福利的，结果却都为他们自己谋了私利。不管他们贪污了多少，最终仍不可能属于他们。在文化游记《匈奴的子孙》中，我专门写到过我家乡武威的一座宅院——瑞安堡。远远看去，它非常有气势，矗立在一片空旷的平原上。当年，瑞安堡的主人为了建这样一座宅子，贪污了许多钱。后来，这座宅子成为他各种罪行的有力证据，最后他被执行了枪决。在我们生活中，有许多人以为活着就是要过锦衣玉食的日子，就是要享受荣华富贵。他们费尽心思地去赚钱，忽略了对孩子的教育，忽略了自己的健康。孩子们，你们要明白一个道理，财富如水，是守不住的。既然财富如水，那真正能守住的是什么呢？是精神，是文化。

　　我再给大家讲一个故事。左宗棠是清朝重臣，为国家做出了很大贡献。为官时，他积累了一些财富，皇帝也赏赐给他很多东西。告老还乡后，他觉得不能把钱留给子孙，他怕子孙会挥霍①掉。于是，就买了最好的木头，想修一座宅院，他认为房子能留下来。他买的木头很珍贵，怕木匠会偷木头，就老去监工。有一天，一个木匠笑着对他说："左大人，我建了几十年房子，还没见过任何一个房子倒掉，反倒见那些房子老是换主人。"左宗棠当时面红耳赤，再也不去监工了。即使是号称"曾文正公"的曾国藩，他留下的故居也

――――――――――

　　①　挥霍（huīhuò）：任意花钱。

很简朴。能让曾国藩扬名历史的，不是他留下的那套老房子，或是物质财富，而是他的著作，他传承下来的文化与精神。

4. 财富用在何处

富贵而骄，自遗其咎。

有一句古话，叫"生死由命，富贵在天"。在我很小的时候，常听大人们这样说，虽然那时我不懂它的意思，但我知道它说明了富贵与命运之间的关系。老子的这句话也说明了这个问题。用今天的话来说，如果一个人很富有但又很傲慢，他迟早会招来灾祸。

我们凉州人很有意思，如果谁赚到钱，别人问时，他一般会很低调地说没钱。为什么？就是怕树大招风，怕因为钱的事引来不必要的麻烦。在我的长篇小说《白虎关》中，我曾写了一个故事，是真实发生的事：一个企业家比较有钱，日子过得比别人好，他不傲慢，还在村里捐资助学。但因为他的慷慨大方，却让一些乡亲们觉得他是在"炫耀"。于是，有人暗地里挖了他的祖坟，想让他败运。

我们在读书时，常会看到这样一句话："留得青山在，不怕没柴烧。"说的就是人的生命高于一切，重于一切。只有生命才是最宝贵的。因为只有活着，才能做事；只有活着，才能得到财富；只有活着，一切才有意义。

不要过于聚敛财富，更不要富贵而骄，要富而好礼。孔子说，如果能轻易地富贵，那么给别人赶马车也愿意；但是，如果要做一些不道德的事情来得到富贵，那么宁愿贫穷。孔夫子是对的。富贵本身没有错，但君子爱财取之有道，做事要合乎道理，不要失道。即使富贵了，也要低调一些，在生命能够自主的时候，把财富尽量用在利他的事情上面。

5. "退"的智慧

功遂身退，天之道也。

孩子们，你们有没有留意过，当你们往高处抛一个东西时，它达到一定的高度，就必定会落下来。

其实，不仅我们抛东西是这样的规律，做任何事情都是这样，在达到一定的高度，也就是到极限时，就会退下来。老子在两千多年前就发现了这个秘密，他说："功遂身退，天之道也。"什么意思呢？就是说当你获得成功、有了名气之后，要懂得"身退"。所谓的"身退"，不是让你不再积极进取，而是让你的虚荣心不要膨胀，要懂得退一步。正如我前面说的，退一步海阔天空。

在历史上，有许多功成名就的人，如果他懂得退一步，就会颐养天年，得到善终；如果不懂这一点，就有可能功高震主，惹来杀身之祸。

这一章看似说了很多，其实很简单，就是不要追求完美，学会给我们的人生留白。曾国藩是晚清重臣，他在年轻的时候，给自己定了"日课十二条——主敬、静坐、早起、读书不二、读史、谨言、养气、保身、日知其所无、月无忘其所能、作字、夜不出门"，许多方面一时都不难做到，但他做了一辈子。他还特意给自己的一间屋子取名为"求阙斋"，用以提醒自己，做人不要追求完美，宁可留一点缺憾。

其实，我也这样，随着这些年我出版的作品越来越多，读者越来越多，很多人就给我贴了许多标签，甚至有意无意地希望我成为他们满意的人。我曾在多个场合说过，请允许我留点毛病吧，我就是一个稍有心得的作家，我想好好地写写我想写的书，说说我想说的话，做做我想做的事。我写许多文化方面的书，不是为了收什么弟子，而是保留一种文化。仅此而已！

这就是这一章《道德经》给我们带来的启发。我们不要学历史上那些功成身败的人，要学历史上那些功成身退的人。必要时，要积极地做事，然后后退一步，把更大的空间让给别人。

第十章

弱小的婴儿有另一种强大

原文

载营魄抱一，能无离乎？专气致柔，能如婴儿乎？涤除玄览，能无疵乎？爱民治国，能无为乎？天门开阖，能无雌乎？明白四达，能无知乎？生之，畜之，生而不有，为而不恃，长而不宰，是谓玄德。

1. 修气至柔，成就婴儿之身

载营魄抱一，能无离乎？专气致柔，能如婴儿乎？

我们知道，一部车子有车身、发动机、底盘、轮胎等多种部件，缺了其中哪一个，车子都不能正常启动。一个正常的人也是这样，除了他的肉体健康外，还要魂魄合一。所以，老子不仅提出了这一点，也告诉了我们如何才能魂魄合一。

那么，该如何做呢？老子说了，要"专气致柔"。"专气"就是聚气、修气，要专一地修气，让气凝聚起来，让精神和肉体变得非常柔软。"气"在中国文化中非常重要。不管是人，还是物，都是有气场的。我们常说，这个环境的气场很好，他的气色很好，这个城市气象很好，这个人有大气象、气魄很大，指的都是"气"。

中国的儒家也一直强调"气"，比如孟子的"吾善养吾浩然之气"。养成浩然之气后会怎么样？会"富贵不能淫，贫贱不能移，威武不能屈"。富贵引诱不了我，贫贱奈何不了我，威武和暴力也不能让我屈服。能做到这样，就很了不起。

"能如婴儿乎"，能柔软得像婴儿一样吗？婴儿指那些天真烂漫的孩子，不是被父母、社会、网络熏陶得过分早熟的孩子。他们纯净得像是水晶，没有欲望，没有机心，我们称之为"无心无欲"。婴儿没有分别心，心非常柔软、柔顺，肢体也很柔软。当然，不要把自己修得像婴儿一样无知，仅像他们那么纯朴就够了。

2. 有智慧，故能看清；无执，故能包容

涤除玄览，能无疵乎？爱民治国，能无为乎？天门开阖，能无雌乎？明白四达，能无知乎？

老子说，当你的身心像婴儿一样柔软，就要开始"涤除"，意思就是要洗涤、清除心灵的杂质；"玄览"就是扫除一切污垢，让心拥有明镜般的智慧。你们可能又要感到疑惑了吧？心灵会有杂质吗？有的。那就是人性当中的贪婪、仇恨、愚昧、傲慢、嫉妒等，这些烦恼都是心灵的毒素，我们称之为五毒，都是需要清除的。

"爱民治国，能无为乎？"老子时不时会谈到治国的话题，他虽然退到了人们找不到他的地方，但没忘记老百姓。我常说，菩提心是热爱人类，出离心是远离人群。他这句的意思就是爱护

老百姓，治理国家，能做到不妄为吗？老子也说过，治理一个国家，就跟烹饪一条小鱼一样。为什么这么说呢？你们的妈妈在烹饪小鱼的时候，如果翻来翻去，又不注意的话，那小鱼即使熟了，也早不成样子了。所以，老子提倡顺其自然。

"天门开阖，能无雌乎？"有人说，天门就是人与大自然交流的窗口：眼耳鼻舌身意。字面意思是，当这些天门开启的时候，你能否既有无为之心，又有柔软之意呢？而老子真正想要表达的是，在我们面对世界的时候，既要对世界充满爱，又不要有功利心，要自然而然。

通过学习，你们现在知道了，人活着，其实就是一个过程。所以，我们要学会享受生命，享受生活。如何享受呢？就是明白自己在做什么，全心全意去做好它；除此之外的东西，不要计较，不要在乎。当你有了这种智慧，东西南北，都很顺畅通达，做事就容易成功。一个人做事成功，说明他很会做事，很有智慧。到了这时，就要学会"难得糊涂"。

我现在才明白这个道理，在我小时候可不是这样，那时，我明察秋毫，任何人别想骗我。朋友只要一开口，我就知道他在想什么。很多时候，因为愤世嫉俗，有些人我甚至不想见第二面。后来，我的朋友也越来越少。《大戴礼记》中说："水至清则无鱼，人至察则无徒。"朋友交往也是这样。所以，我后来慢慢学着不要太清醒，哪怕心里明明白白，也要装得糊涂一点。有人占便宜就让他占一点，要糊弄我就让他糊弄一下，都不要紧。虽然我知道跟我打交道的是些什么人，但哪怕对方有些毛病，我也仍然对他很好。

3. 怎样达到"玄德"的境界

生之，畜之，生而不有，为而不恃，长而不宰，是谓玄德。

这一章虽然看上去有些复杂，但归纳起来，只是说明了圣人修炼的三种境界，按老子的话说，就是"玄德"。什么是玄德呢？玄德其实就是圣人深邃玄妙的德行。

说到这里，想必你们又有疑问了。我当然能理解，你们这个年龄的小脑瓜里，会有无数的问题，甚至有些问题在大人们看来，还是匪夷所思的。但我不会嘲笑你们，因为我也是这样长大的。那时，我的心中有无数问题，可我的很多问题大人也没办法给我回答，没有人能帮到我。到稍微大一些时，我想办法读书，想办法自己去找答案。我对文化和学术的探索精神，就是从探讨那些问题开始的。相比于我，你们多幸运哪！孩子们，你们一定要好好读书。

我们继续跟着老子探索"道"那无穷的秘密。既然玄德人人向往，那具体又该怎么做呢？这就要提到玄德的三重境界了。第一重境界，我们要从个人修养做起，先完善自己的人格。通过洗心净思，专注修身，让自己的内外像婴儿一样柔软，也像婴儿一样纯净。

之后，就到了第二重境界，要贡献社会了，就是要爱民治国。具体在生活中，就要顺其自然地对待别人。同时，当我们接触世界、观照万物时，要保持一颗慈爱之心、纯朴之心，不要有过多的机心。

第三重境界，就是现在说的"生之，畜之，生而不有，为而不恃，长而不宰"了。

"畜"是养的意思。这段话的意思就是：既创造了他，养大了他，又不要将他据为己有；既好好做事，又不觉得自己有多了不起，不要仗势欺人，也不要逞强，以无为之心做有为之事；既为别人做出表率，又不试图去控制别人，逼着别人像你那样活、那样做。如果能做到这几点，就是"玄德"了。

这就是最高明、最深奥的道德和品德。

其实，这些不仅是圣人修炼的境界，也是一个追求成长的人要努力达到的境界。永远做好自己，调柔了自己的心，面对世界，贡献社会。即使我们做成一些事后，也不要沾沾自喜，居功自傲，甚至强迫别人认同自己的观点。换言之，以知行合一的身心贡献社会，又不去牵挂，不生执着心，这就是君子、圣人在贡献社会时的心态。

第十一章

没有用处的用处

三十辐①共一毂②，当其无，有车之用。埏③埴以为器，当其无，有器之用。凿户牖④以为室，当其无，有室之用。故有之以为利，无之以为用。

---

① 辐（fú）：车轮中连接车毂和轮辋（wǎng）的一条条直棍。
② 毂（gǔ）：车轮的中心部分，有圆孔，可以插轴。
③ 埏（shān）：用水和（huó）土；和泥。
④ 牖（yǒu）：窗户。

开始学习前，我先给你们介绍个稀罕物。说它稀罕，是因为在今天这个时代，那东西已经退出历史舞台，很少能见到了，在一些民俗博物馆里能见到，或是在西部一些非常闭塞的小村子也有可能见到。它就是过去西部人用的大车，由于多用牛拉，又叫牛车。

那时，老百姓家家都离不了它。它有一个非常重要的组成部件，这个部件最显著的特点，就是老子在这一章中提到的"三十辐共一毂"。具体是什么样子呢？它的每个轮子上，都有三十根木条，它们向内汇聚到一个中空的圆木圈上，看起来就像圆木圈向四周射出去的光线，我们称之为"辐条"，也就是"辐射出去的木条"。圆木圈的中心必须是空的，否则轮子就没法安到车轴上。不成为车的一部分，轮子就不叫车轮，更不可能带动车子前进。所以，轮子的关键，就是毂的"空"，有了这个"空"，轮子才能起作用。所谓的毂，就是轴心。

在我小时候，每当想到"三十辐共一毂"的那种大车，脑海中总是会浮现出一个经典的画面，一个老头坐着这样一辆破车周游列国，他执着地向世人们推广他的学说。他的身后，跟着几个同样风尘仆仆的弟子。也许你们知道了，这个老头就是孔子。只是你们别忘了，与这个老头疲惫而倔强的身影一同被历史定格的，还有那辆大车。

有孩子可能会想了，一个过去家家都有的普通物什，怎么会与"道"挂钩呢？它们之间，会有什么关系呢？

我们先来看看这一章的意思：三十根辐条一起汇集到一根毂

的孔洞当中，正是因为车毂中间有空的地方，因为辐条的汇集，才有车的作用；人们揉和陶土后做成器皿，器皿中间有些空的地方，正是那些"空"才使器皿有了它的作用；工匠们开凿门窗建造房屋，正是有了门窗，即四壁内空着的那一部分，才有房屋容纳的作用。所以，很多情况下，"有"和"无"就像黄金搭档，它们是相互成全、相互依存、如影随形、不可分离的。"有"给人们的生活带来了便利，但那些"无"同样不可或缺。因为正是那些"无"，才使得物体发挥出它的作用。

孩子们，我们放眼看看那一块一块的田地，当农民伯伯不种庄稼，它就会杂草丛生；当勤劳的农民伯伯种满庄稼后，那杂草也就无处可生了。正是因为地是空着的，我们才能种庄稼；只有种上了庄稼，那块空着的田地才能发挥出它的作用，长出粮食来。这就是老子眼中，"有"和"无"的关系。

老子为什么一直强调空了才有用？因为他想说明一个朴素的道理："有"许多时候都必须依托于"无"，才能生出妙用；没有"无"，生命就太满了，世界也构不成世界。你们再抬头看看那天地，它们也是这样，正是因为"空"，天空才成了天空，大地才成了大地。

《道德经》有一个非常显著的特点：老子总是在借生活中一些具体的事物，去表达抽象的道理，而这些看上去非常抽象的道理，总是蕴含着大道。

1. 看似无用的大用

前面我说了，老子是典型的"醉翁之意不在酒"。你们要明白，他看似在讲一些事物，什么天地、刍狗、山谷、容器，还有我们居住的房子，等等，都是再平常不过的事物，但在智者眼里，却统统都是"道"这个魔术师变魔术用的道具。

那么，老子为什么要借助这些司空见惯的事物说事呢？目的就是让人们明白如何在生活中做人做事。因为这些事物，最大的特点就是无用之大用，它最接近于道。比如埏埴的空，门窗的空，房子的空，毂的空，没有这些"无用"，就不会有它们的"有用"——埏埴中间是空的，就可以装东西，就成了真正的器皿；门窗中间是空的，就可以进人，也可以让你看到外面的世界；房子中间是空的，你就可以住在里面，还可以在里面放很多很多东西；轴心是空的，才可以放进车轴，把轮子安在车上。所以，这些看似空而无用之处，一旦跟特定的"有"配合起来，就能生发出特定的大用。

小时候，我最喜欢听瞎仙唱贤孝了，村里有些人见了，就说，怎么不去写作业呢？净听这些没用的东西！有这种观点的家长不会让自己的孩子花时间听这些的。他们让自己的孩子要么写作业，要么帮大人干一些孩子能干的活。但他们无论如何也想不到，我能有今天，很大的原因就是小时候受到了贤孝文化的滋养。贤孝的大气磅礴与悲悯精神，深深地印在了我的脑海中，成为我后来做人做事与做文的基调。贤孝于我，就是典型的无用之大用，在我很小的时候，开拓了我的视野。我曾多次说过，没有凉州贤孝的滋养，就不会有我的今天。这毫不夸张。

再比如，现在很多家长让孩子一味学习书本上的知识，因为考试考的就是那些，而不允许孩子读其他的课外书。有很多学霸，考试可能会得满分，可当问他书本之外的知识，甚至一些起码的常识时，他都很茫然。为什么呢？因为他没学那些看上去无用的东西，他的学习，都是功利的。

中国有很多这样的例子。现在很成功的人之中，大部分都有哲学、工程的思维，他不会去跟你计较小东西。用小商人的心思，永远做不成大事。

我再举个例子，你们也许没有上网购过物，但你们的爸爸妈妈肯定购过。你们有没有想过，网络是虚拟的，怎么能买卖东西呢？这些网络看似都是虚拟的，是"无"，但正是因为"无"才可以容纳无数的 App 平台，人们才可以在这个平台上做自己想做的事。但网络世界的这个空间，与我们肉眼看到的房间的空、山谷的空又不一样，实物的空是有限的，而网络的空是无限的。比如，一间房子可以容纳 10 个人，再大一点的房间可以容纳 50 人、100 人，不管房间面积有多大，它容纳的人数总是有限的，而虚拟的网络空间是无穷大的，它可以容纳无数的 App，让它们做不同的事。这就是"空"生发出的"有"。

还有数字中的 0，看起来 0 是最没用的，1、2、3、4、5、6、7、8、9 都比它大，都代表了一种存在，只有 0 代表不存在。但它一旦跟其他数字配合起来，就会让这些数字发生数量级上的变化。无穷小是依托 0 来实现的，无穷大也是依托 0 来实现的。人生中好些看似无用的东西，都很像这个 0。

2. 留白天地宽

孩子们，你们知道唐代大诗人柳宗元的诗《江雪》吗？"千山鸟飞绝，万径人踪灭。孤舟蓑笠翁，独钓寒江雪。"当你吟诵这首诗时，你的脑海中是否会浮现出这样一幅画面：在一个冰天雪地的世界里，除了那耀眼的白，漫无边际的白，没有飞鸟，也没有人影，只有在寒江边的一个老头，他披戴着蓑笠，静静地垂钓。当你想象这样一幅画面时，是不是觉得很美呀？整幅画面显得非常简约、干净，表达了一种静到极致的美，简单到极致的美。大自然本该有鸟，小路上也本该有行人的，但这些在这幅画中都没有。这就是留白。

其实，不仅艺术中讲究留白，在我们的生命中，也要学会留白。一个人不能把自己的生命填得太满了，填得太满的时候，你就成了连轴转的机器，停不下来，就没有时间思考了。这就好比一个杯子，如果想装水的话，就必须是空杯。杯子不空，你是装不下东西的。也像你在一张纸上要写字画画一样，那张纸必须有空白的地方让你写，让你画。否则，你是写不了，也画不了的。没有空白的地方，即使你勉强地在上面落笔，也不像回事。

再给你们讲个真实的故事。我有个朋友，很有才华，学问做得很好。几十年来，他白天上班和应酬，晚上做学问，长期熬夜，把身体给累垮了。而且，他的写作不是一本接一本的，而是摊开几部作品同时进行。最后，很年轻就去世了。他死后，很多人都很难过，觉得天妒英才，太可惜了。但这能怪老天爷吗？我们每个人都是自己行为的发起者，也是自己行为的承受者。我们要善待自己的身体，不能把自己当成机器；在做事时，要懂得劳逸结合，要学会给自己"留白"。只有这样，做事才能做得长久。

你们去过西部吗？有没有看到过西部辽阔的戈壁和沙漠呢？虽然有些地方寸草不生，什么也没有，但整体看来，却有一种江南没有的美，那是一种自然的壮美，很有气势。

真正有大智慧的人，他懂得什么时候停下，什么时候退一步，这就是"留白"。

3. 一空生万有，心空容万物

前段时间，有人给我统计了一下，截至去年，我出的作品，各种版本加起来有一百多本了。很多读者说读不及了，评论家也感叹说："雪漠的书本本不一样！"还说："有些作家的书，一看内容，就能看出是出自谁手，但雪漠不一样。雪漠的书没有固定章法，根本不像一个人写的。"还有人感叹说："雪漠怎么能写出那么多的书！"有些作家一辈子就写一两本，有人能写个三五本就不错了。

告诉你们个小秘密，我之所以能写出这么多不同的书来，就是因为我的心里没有写书的概念，我的心是"空"的。我一直在空性状态中。空性状态中的人是没有自己的，也就是无我，所以，我写的作品也无我。因为是空性状态，我的心就像是一个空杯子，我想装什么水就是什么水，我想装多少水就能装多少水，我想什么时候装就能什么时候装。因为人在空性状态中时，是与大自然

融为一体的，古人叫"天人合一"，就像一滴水融入了大海一样。

　　我最早的时候不是这样的。早年，我写作很痛苦，像很多人一样，先是在脑子里想好久，写什么，怎么写，甚至一些字词要考虑再三。就像贾岛在写那首非常著名的《题李凝幽居》时，对于用"推"还是"敲"犹豫半天一样，我那时候会花费大量时间和精力遣词造句，把自己搞得疲惫不堪。我们再来看李白，他被后人称为"诗仙"，为什么他能得此雅号呢？因为他的诗让人读起来，感觉特别流畅，大气磅礴，一看就是出自自性，是一气呵成的。比如《将进酒》中："君不见黄河之水天上来，奔流到海不复回；君不见高堂明镜悲白发，朝如青丝暮成雪。"读来感觉特别有气势。《庄子》也是这样。那你们想想，为什么他们能做到这样呢？我告诉你们，那是因为他们的心属于他们自己。

　　从这一点说到做人，还是低调好。为什么大海就能成为大海？

最显著的特点就是低。我也常说"人低为王，水低为海"。当你把自己放低的时候，自然会有人帮你，也自然会有水流向你。

这就是一种海纳百川的境界。真正的博大，不是"我容纳你"，而是我的心里没有门槛，故有无穷的空间，任何存在都可以流向我。不同的存在流向我时，我就会展现出不同的外相。水流向我，我就成了海；风沙涌向我，我就成了沙漠；无数的石头滚向我，我就成了大山……天地以虚，能容万物，它容得下日月星辰，容得下风雨雷电，容得下空中飞过的鸽子，容得下万物。如果天地不虚，填满了自己的东西，外界的一切就进不来，天地间就容不下万物。

人永远要给自己的心灵留下一点空间，用来容纳你不喜欢的东西，容纳你不认可的东西。想要有所成，就必须心包万物。

4. 因为虚心，才能容纳

很小的时候，有人告诉我："谦虚使人进步，骄傲使人落后。"为什么这么说呢？因为谦虚是意识到自己"不如人"，也意味着"低"。当一个人有这种思维的时候，他才会追求进步，也才有可能进步。否则，如果他总是觉得自己很好很完美，他就不会追求进步了。就像一个人，他如果知道"站得高，看得远"，为了看得更远，看到更美的风景，他就会一直攀登；相反，如果他觉得自己爬得已经够高了，对于眼中的那些风景，他也已经知足了，他就可能不会汗流浃背地再往上爬了。那么，他一生也就定型了。

其实，任何一个想要有所进步的人，想要取得成功的人，都应该像一个容器。因为只有空着的容器，才可以往里面盛东西。

因此，你们一定要知道，当你向某人请教的时候，一定要把自己固有的那些东西清空。否则，对方讲得再好，你也会有自己的成见。

所以，你们如果想进步，想成长，必须先要倒掉自己心中的那些垃圾，把心腾空，再盛放你需要的东西。古希腊著名的哲学家苏格拉底，经常对着一个空瓶子往里看。有一次，一个学生实在想不明白了，就跑去问他："老师，您为什么老盯着这个空瓶子看哪？一个空瓶子有什么好研究的啊？"苏格拉底笑了，他说："这里当然有大学问了。你想啊，只有瓶子空了，我们才能装进去东西。否则，是装不进去的。"人们的心哪，也像这个瓶子一样，一定要时不时清理一下。心达到空的状态的时候，才能容纳新的事物。

第十一章

没有用处的用处

第十二章

花花世界，从容应对

原文

五色令人目盲，五音令人耳聋，五味令人口爽，驰骋畋①猎令人心发狂，难得之货令人行妨。是以圣人为腹不为目，故去彼取此。

---

① 畋（tián）：打猎。

孩子们，《道德经》学到现在，有没有觉得很有意思呢？当有了一双"道"的眼睛，再看这个五彩缤纷的世界时，是不是就有了不一样的体会呢？我相信，好好学习《道德经》，把这些智慧运用到你们的学习生活当中，将来你们的人生一定会因此不同。

刚才，我提到了"道"的眼睛，那么，什么是"道"的眼睛呢？"道"的眼睛，就是遵行自然规律，以一种接受变化的眼光看待世界万物。我们知道，这个世界是无时无刻不在变化着的，这种变化，换一种眼光，就是一种流动的美。为什么这么说呢？因为有这个变化，才使事物有了无穷的可能性。所以，要用一种变化的眼光去看待一切。

我们先来看看本章的意思：五彩缤纷的色彩使人眼花缭乱，目不暇接；嘈杂喧嚣①的声音，让人的耳朵失灵，听闻不清；酸

---

① 喧嚣（xuānxiāo）：声音杂乱；不清净。

甜苦辣咸这五味，使人的味觉变得迟钝；常纵情狩猎，会使人的心情放荡发狂；珍贵稀有的物品，会使人心念不纯、行为不轨。因此，圣人们只求吃饱肚子，而从不追逐别的什么，他们抵挡住了物欲的诱惑，保持了安定知足的生活方式。

这一章主要讲了圣人如何应对世界。

1. 为什么要出离

五色令人目盲，五音令人耳聋，五味令人口爽，驰骋畋猎令人心发狂，难得之货令人行妨。是以圣人为腹不为目，故去彼取此。

孩子们，你们说说看，大自然有多少种色彩呀？是不是多得数不过来了？但再纷繁的色彩，也是万变不离其宗的。为什么呢？古人认为所有的颜色其实都离不了老子在这里说的"五色"：白、红、青、黄、黑。所以，这里的五色，不仅仅是指单纯的五种颜色，而是泛指一切颜色。同样的，五音在这里面，也不是仅仅指五种声音，而是泛指一切声音； 五味也一样，它是包含酸甜苦辣咸等一切味道。

这三句说明了一个非常简单的道理：当一切事物太过纷繁的时候，就会影响到我们的器官对它的判断。有些孩子特别喜欢用耳机听音乐。当他戴耳机戴的时间长了，到一定时候，就会影响到他的听力，这是毫无疑问的。对于常吃火锅、麻辣烫等重口味的人，当大鱼大肉吃腻了，来一碗清汤，他反而会觉得很香。"大羹必有淡味", 就是这个意思。

　　老子说这些, 是为了告诉我们, 淡是人生最美的滋味。所以, 我们不要追求那些喧嚣、嘈杂及太过浓烈的东西。我们要保持内心深处淡淡的清欢。

　　"驰骋畋猎, 令人心发狂", 过去, 人们骑马去野外打猎, 经常外出, 心也是"野"的, 所以很难安定下来。老子在这里说的, 其实也是对欲望的一种拒绝。所以, 我们要拒绝一些诱惑, 学会坚守自己内心的宁静。

　　在我们周围, 也常会遇到这样的事情。我有一个朋友很有写作天赋, 后来他去了另一个城市, 弃笔经商了。尽管他发了大财, 但再也写不出文章了。

　　我过去当老师的时候, 遇到过一件小事。一个同学非常漂亮

的软皮文具盒不见了，那是她爸爸出差时给她从大城市买的。那时候，在我家那个地方，孩子们拿的都是铁的文具盒。所以，当这个同学的软皮文具盒出现时，很多同学都很羡慕。后来，经过查找，原来是被她同桌拿走了。为什么呢？因为那个文具盒太好看了，而且里面的功能很齐全，设计得非常精巧。她的同桌看到这个文具盒，就起了偷盗之心。这就是"难得之货令人行妨"。越稀罕的东西，越容易引起别人想占为己有的想法，进而有不好的行为。所以，自己有好东西，就不要炫耀；别人有好东西，你也不要羡慕。

那么，圣人是怎么做的呢？"为腹不为目"，就是说，圣人活着，他追求基本的生活保障，能吃饱肚子，就会很知足，然后去做一些自己该做的事情。但凡夫不一定这样，他们会不断地追求感官的刺激和享受，追求吃好、玩好、活好。这是圣人和凡夫的根本区别。

所以，你们明白了欲望对人的影响后，也要做好选择。懂得拒绝诱惑，就能节省很多时间，用于实现自己的理想。

如何拒绝诱惑呢？就是生活要简单、简朴。因为这样，才能更接近于道。

我们中国人，自古就有"安贫乐道"的传统。那些圣人的物质生活确实很简单，比如颜回，"一箪食，一瓢饮"①，但他很快乐。还有庄子，本来有人请他去做宰相，但他宁愿做一个编草鞋度日

---

① 一箪（dān）食，一瓢（piáo）饮：形容读书人安于贫穷的清高生活。出自《论语·雍也》。

的老头。尽管那时他很贫穷，但他很快乐。因为庄子追求的，不是物质上的丰富，而是精神上的快乐。

诸葛亮说过："静以修身，俭以养德。"一个人只有安静下来，他才会有智慧；也只有简朴，才能培养出自己好的德行。我们每个人生命当中的许多东西，其实都像是在一个池子里蓄的水。若要池子中一直有水，你必须得不断往那池里面添加水。否则，你今天索取一点，明天索取一点，很快那些水就被你舀光了。那么，如何往池子中蓄水呢？要学会奉献，学会付出。

付出才能得到。你付出劳动，你就会收获果实；你付出鲜花，你就会手留余香；你付出爱，你就会得到快乐。

学习《道德经》与学习其他古文不一样，除了留意字面意思之外，还要去悟老子文字背后的意思。这一章，老子就讲了如何出离，保持自己一颗少私寡欲、淡泊清净的心。

2. 圣人如何修定

这一章非常实用，你们要认真学，明白了道理，才能在生活中去实践。

看过动画片《宝莲灯》吗？小沉香想战胜二郎神，可他那么小，怎么能战胜天神呢？他的母亲告诉他，要战胜天神，必须具备两种能力——爱和智慧。所以，一个人要想成功，必须要有智慧，那智慧是从哪来的呢？智慧由定而来。想必有孩子要问了，定又从何而来呢？我告诉大家，定从静中来。

所以，古人一直都很强调坐静，训练定力。宋代大儒朱熹就一直在强调"半天读书，半天坐静"。明代王阳明曾说过："人须在事上磨，方立得住，方能静亦定，动亦定。"静亦定，动亦定，就是外相上不管你做什么，你的心都能平静，这就是佛陀说的"如如不动"。当年，王阳明参加考试，张榜的那天，很多人去看榜，有些人看到自己落榜了，就痛哭流涕，而王阳明却说，别人是以落榜为耻，他则是以自己的心动为耻。这就说明，他的定力很好。

　　很多人却不是这样，稍有个风吹草动，心就静不下来。有个孩子想写作，可他的心总是静不下来，进入不了文字当中，即使勉强写作，也始终在门外打转。只有让心静下来，将自己融入进去，他才能流淌出自己想要表达的东西。

　　要静下心来，就要远离一些嘈杂的环境，要拒绝一些让你变

得浮躁、不安的东西。

自古以来，所有成圣的人定力都很好。孔子周游列国，一直在传播文化。庄子留下了一座智慧宝库，不管世界怎么对他，他都不在乎，他在乎的是自己的态度。他说"举世誉之而不加劝，举世非之而不加沮"。孟子的定力也好，他说"富贵不能淫，贫贱不能移，威武不能屈"。就算有钱也不会变坏，就算穷困潦倒也不会改变志向，就算以武力来威胁也不会屈服。

很多人都说我的定力好，除了与小时候的训练有关外，还与我一直以来的选择有关。在很年轻的时候，我在西部的一所学校

里教书。别人在娱乐的时候，我在读书。我之所以这样做，是因为我知道自己想要怎样的人生。

我所有的一切，都是从拒绝欲望开始的。

第十三章

得宠了？受辱了？

宠辱若惊，贵大患若身。何谓宠辱若惊？宠为下，得之若惊，失之若惊，是谓宠辱若惊。何谓贵大患若身？吾所以有大患者，为吾有身，及吾无身，吾有何患？故贵以身为天下者，若可寄天下。爱以身为天下者，若可托天下。

　　现在的人，都喜欢追求短、平、快的东西，所以，很多人都觉得传统经典难学。为什么呢？因为传统经典多是一些晦涩难懂的文言文，学起来费劲。所以，为了帮助你们更好地理解老子的本意，我先把这些难懂的文言文翻译过来。

　　先来看这段话的意思：受到宠爱和受到侮辱都很惊恐，是因为人们把荣耀和侮辱看得像自己的生命一样重要。那么，为什么会有这样意外的惊恐呢？要知道，受宠是卑下的，受到宠爱，就感到非常惊喜；失宠了，则又感到惊慌失措。你们应该有过这样的体验吧？有个人对你很好，你就会希望他永远都能对你这么好，因为你不想失去这份关爱。可是突然有一天，他对你不好了，于是，你失望，伤心，觉得手足无措，表现出很惊恐的样子。什么是重视大患如同重视身体呢？我们有祸患是因为我们还有身体，如果我们没有了这副身体，没有了"我"，哪还会有什么祸患呢？所以，圣人珍惜自己的身体，是为了治理天下，这样才可以把天下托付给他。他们爱惜自己的身体，也是为了治理天下，这样，天下也就可以依靠他了。

这就是凡夫和圣人的区别。凡夫爱惜自己，是为了自己的欲望、自己的面子、自己的虚荣，但凡一切，他都建立在"我"的基础上，所以他会将一些毫无意义的宠辱看得跟生命一样重要。但圣人不一样，圣人爱惜自己，是为了更大的担当。这像我常说的，有些孩子对父母很孝顺，但真正的孝顺是做好自己，让他们引以为傲。

我曾说过，我从年轻时起就一直在练武，我想有个好身体，我不能以一个病恹恹的身体去追逐伟大而遥远的梦想。因此，我爱惜身体，也是为了承担更大的责任，而不是追求长命百岁。

1. 片片宠爱意，隐隐受辱心

宠辱若惊，贵大患若身。何谓宠辱若惊？宠为下。得之若惊，失之若惊，是谓宠辱若惊。

如果你很在乎的一个人，比如一位老师，突然间对你很好了，你会不会感到吃惊呢？如果哪一天，他突然间冷落你了，你又会怎么样呢？你会患得患失吗？对于他的态度，你会不会感到很意外呢？如果答案是肯定的，这就是"宠辱若惊"了。所以，"惊"在这里，不仅有吃惊、惊讶的意思，还有意外的意思，因为你完全没有预料到。

那为什么会这样呢？因为这是"宠"，是地位比你高的人对你的好，你在他之下，这就是"宠为下"。当一个地位比你高的

第十三章　得宠了？受辱了？

163

人对你好时，你会感到非常惊讶；当你正在享受这份关爱，希望他永远都这样对你好时，突然间，他又对你不好了，你同样会感到很惊讶。

在小时候，我一直以为宠和辱是两回事。到后来，我才明白，它们是一回事。过去，我在某区教委工作的时候，有一位老师，经常带上老婆孩子，买点小东西来看我；但后来，他对我进行了无端的指责。我后来知道，他把我对他的好当成了一种施舍。当他这样认为时，他的心里便有了一种屈辱感。所以，宠和辱是一回事。这像圣人的不仁与仁一样。你们还记得前面我讲过的"天

雪漠说老子
：让孩子爱上《道德经》

地不仁，以万物为刍狗。圣人不仁，以百姓为刍狗"的话吗？圣人和天地一样，他的不仁其实是真正的仁慈，是大仁慈。因为圣人与天地一样，都是遵循万物自己的发展规律，从不干涉，也从不阻挠。

所以，你们一定要记住，我们给予别人的帮助，一定是他需要的。过去我就不懂这个道理。那时候，我们出去与朋友吃饭，会把剩下的一些好点的饭菜打包给没一起去吃饭的人。但后来，我就不这样做了。为什么？因为得到那些饭菜的人并不高兴，他觉得给了他我们吃剩的东西了，是一种侮辱。所以，帮助别人要以对方需要的方式，能接受的方式。否则，就会构成一种伤害。

再给你们讲个非常有趣的故事：唐僧非常慈悲，他是个很细心的人。有一天，他发现爱徒孙悟空的裤子上有一个洞，就不声不响地把那个洞缝好了。可是第二天，他发现那个缝好的洞又开了，于是，他再次把洞补好了。可是晚上，他发现那个洞又开了，看着熟睡的徒弟，他再次悄悄缝补上了那个洞。第三天早上，孙悟空突然间恼了，他不耐烦地对师父说："师父，你不要多管闲事行不行，你把洞给我缝上，叫我的尾巴往哪里放呢？"

好玩吧，孩子们？其实，在我们生活中，有很多这样好心的"师父"，他们做着许多别人不需要他们做的事，自以为是帮了人家，其实人家是不需要这种帮助的。我们在帮助别人的时候，一定要先搞清楚，这个时候，你该不该对他好？他需不需要你的好？不要盲目、施舍一样地帮助别人。

2. 如爱身般爱天下

何谓贵大患若身？吾所以有大患者，为吾有身，及吾无身，吾有何患？故贵以身为天下者，若可寄天下。爱以身为天下者，若可托天下。

过去，有很多人都认为要像对待大祸患一样对待自己的身体，但有一个人提出了不同的看法，他就是宋徽宗，中国古代少有的艺术型皇帝。他说，这里的"贵"是荣华富贵的意思，它代表权威、

权势，是一种对富贵的向往和渴求。也就是说，人有了身体，就有了祸患，人向往荣华富贵，同样也会招来祸患。

老子为什么要这样说呢？我们有这个身体，就要吃好、穿好，还要让它舒服，冬天要注意保暖，夏天要注意防暑。否则，它饿了，我们会难受；它冷了，我们也会难受；热了更是这样，甚至还会中暑。这就是身体带来的一种麻烦，当这种麻烦很大时，就成了祸患。而所有这些，都是由执着造成的。

当年老体弱时，人其实是很无力的，不论再怎么保养，都是心强力不强。人年轻时，不管有多么耀眼的光环，多么珍贵的荣誉，

在身体不能自主时，都是苍白的。

你们一定要明白，每个人都有老去的一天。健康时，虽然我们身体能自主，但也有很多麻烦，因为人总是有太多的期待和计划，也有太多的攀比。得病时，更是这样，可肉体的衰弱和死亡不可抗拒。我觉得我们是幸运的，因为我们不必等到老了的那天再悔不当初，我们现在学习《道德经》，就会明白人是怎么一回事，我们会过好我们这一生，做好自己该做也想做的事。其他的，就不去计较了。

所以，对荣华富贵的向往也是这样，与执着身体一样，都是人生的大病。老子说了，若是没有身体的自主，人还有什么好忧患的呢？一些人在生一场大病后，就会看破很多东西，尤其是会放下对身体的执着。贵以身为天下，也有许多种解释。有的人说，为了治理天下而珍惜身体；有的人说，看待天下超过自己的身体；还有的人认为，是像爱身体那样爱天下。但不管怎样，都是为了"寄天下"。

爱惜身体是人的天性。不爱惜身体的人，是不能委以重任的。老子一直在强调要爱身、惜身，因为"爱以身为天下者，若可托天下"。只有一个人像爱自己的身体一样爱惜天下时，或者为了治理天下而爱惜自己的身体时，才可以将天下托付给他。

3. 消除分别心，宠辱随风飘

你们一定要明白，宠辱若惊是一种患得患失的心。这种心情最折磨人了。所以，人们才向往"宠辱不惊"的境界。

　　首先要先窥破"宠"和"辱"的虚幻，窥破"贵"的虚幻。我们知道，宠也好，辱也好，都是别人的事，是以别人的意志为转移的，你根本掌控不了。

　　同时，要想达到宠辱不惊的境界，还要破除对富贵、财富、名利等的贪执。老子之所以说这些是大祸患，就是因为执着这些，会让一个人不自由。执着名利，会被名利所裹；执着于财富，会被财富所困；执着于爱情，会被爱情所缠。若想有一个自由的心，就要跳出这些看问题。

　　这需要长时间的训练。怎么训练呢？就是消除分别心。当别人对你好也罢，不好也罢，你都不去在乎；你在乎的，永远都是怎么做好自己。

第十四章

看不见、听不到、摸不着

　　视之不见，名曰夷；听之不闻，名曰希；搏之不得，名曰微。此三者，不可致诘，故混而为一。其上不皦①，其下不昧。绳绳②不可名，复归于无物。是谓无状之状，无物之象，是谓惚恍。迎之不见其首，随之不见其后。执古之道，以御今之有。能知古始，是谓道纪。

---

　　① 皦（jiǎo）：清白，清晰。
　　② 绳绳（mǐnmǐn）：绵绵不绝的样子。

1. 在"视听搏"中感悟道

视之不见，名曰夷；听之不闻，名曰希；搏之不得，名曰微。

孩子们，从一开始我就说了，"道"在我们的生活中无时不有，无处不有。它的有些载体是有象有形的，我们能用肉眼看得到，比如说高山、白云、大地、动物、植物等等。然而，更多的东西我们是看不见的。据科学家们研究发现，在宇宙当中，人类能用肉眼看到的东西，仅占了总物质的4%，也就是说，尚有96%的物质属于暗物质，我们用肉眼看不见。那看不见的这些东西，该如何称呼呢？现在我们用暗物质、暗能量代指，但在老子的时代叫作"夷"。夷是无色的。

同样，我们的耳朵听到的也是很有限的。要知道，在这个世界上，还有很多很多我们听不到的声音。老子在这里叫"希"，也就是无声。比如，现代科学中的超声波、次声波就是这样，它是我们人类听不到的声音。我们再来看，你明明在触摸一些物质，但你却摸不到，那是不是这物质就不存在呢？当然不是，它只是

无形而已，比如空气、风等。无形就是这里所说的"微"。其实，我们触摸不到的世界很大。我们知道，物质是由原子构成的。原子一直细分下去，就会无穷小。

另外，我们的六根，就是眼睛、耳朵、鼻子、舌头、身体、意识，它们的功能都是很有限的，超过一定范围，就感受不到了。你虽然感受不到，但不能说物质就不存在了。

关于这一点，给大家讲一个故事。有一个人一直觉得一年有三个季节，可别人都说是四个季节。有一天，他问孔子的弟子。孔子的弟子告诉他："你错了，一年是四个季节。"那人还是不信，一直在辩解，孔子的弟子没办法，便带他去请教老师。孔子听了原委，就当着那人的面告诉弟子，一年有三个季节。那人听了很满意，欢欢喜喜地走了，可孔子的弟子却感到很困惑。他百思不得其解，老师今天怎么了？一年明明有四个季节，他为何要说是三个季节呢？他实在想不明白就去请教先生。孔子听了哈哈大笑，说："你没看那人一身绿吗？他是虫子变的'三季人'，因为虫子一到秋天就死了。你说，对虫子来说，哪来的第四个季节呢？"虽然这个故事不是真的，但说明了一个道理：人们的自我认知直接决定着他视野的大小。也就是我常说的，一个人的行为高不过他的心。对于一个近视的人来说，他看不清远处的事物。那么，远处即使有再美的风景，对他来说，也是不存在的。你告诉他，他也不一定相信，除非亲自去看。

所以，老子在这一章，再次强调了这一点，让我们在看、在听和在触摸中认识道体。

当然，还有另一种解释：当一个人专注力特别强，全神贯注于某一点的时候，他就会忽略外部世界。这同样有个故事。古时候，有个皇帝请一位高僧来宫里。高僧拜见皇帝后，皇帝让他谈谈一路的见闻。高僧说，什么也没看见。皇帝问随行的小太监，小太监说，一路上人来人往的，非常热闹，有玩杂耍的，有唱戏的，还有卖各种玩具的。皇帝听了很不高兴，觉得高僧在骗他。于是，高僧不动声色地向皇帝提了个请求，他请皇帝找来一个死囚，让那人端一个盛满醋的盆子，并站在唱戏的人旁边。如果他把醋洒出来，就要砍他的头；如果在这期间，一点醋都没有洒出来，他的死罪就能赦免。皇帝答应了。戏演完之后，死囚盆中的醋果然没有洒出来。高僧问他，刚才那戏唱了什么？死囚一脸茫然，说

雪漠说老子：让孩子爱上《道德经》

不知道。你们想想，为什么呢？答案很简单，因为他的全部注意力都集中在自己盆中的醋上。就算看到别人在做什么，他的心也不在别人那里。这是一种专注的状态。

"听之不闻"也是这样，专注到一定程度，就会进入这种状态。有一次，我在樟木头学校讲课。那天正好刮台风，风很大，跟狼嚎一样。我的课有些孩子听到了，有些孩子没听到。这又是怎么回事呢？这是因为有些孩子特别专注，在听课时，屏蔽了外部的世界，除了我讲课的声音外，他根本听不到别的声音。这就是"听之不闻"。

"搏之不得，名曰微"也一样。当你用手触摸一些物质，虽然有着强烈的触感，但你却抓不住。比如，你伸出手去，风从你的指缝中穿过去，你明显感到了风的吹拂，但你却抓不住它。当然，这里还有另一层意思，就是你也不要执着于"抓"。

2. 超脱纷繁，混元为一

此三者，不可致诘，故混而为一。

前面已经讲了，夷、希、微这三者都是纷繁现象背后的那部分，虽然它们自己没有刻意隐藏，但我们却看不见、听不到、摸不着。为什么呢？因为它们无色、无声、无形，而且，我们无法去进一步追究它们。不过，尽管我们看不见、听不到、摸不着，也觉得它们好像各不相干，但它们其实是混合为一的。为什么这么说呢？

因为它们都是不能一探究竟的，就像道一样。

问你们一个问题，你们小时候与妈妈分开过吗？那你们有没有过这样的经历：当你们正在想妈妈的时候，突然间，妈妈打过电话来了。于是，人们说"母子连心"。那么，"连心"的背后有什么呢？是什么导致了母子"连心"呢？科学家认为，人的思维波是可以传输的。比如，这几年科学家提出的量子纠缠，大概含意是，即使相距遥远，一个粒子的行为也会影响到另一个粒子的状态。母子"连心"就是这种无形的思维波在起作用。

所以，你们要知道，科学研究的领域没有穷尽，这与道的存

在没有穷尽是一样的。

3. 斩断红尘累，怡然赏佳音

其上不皦，其下不昧。绳绳不可名，复归于无物。是谓无状之状，无物之象，是谓惚恍。迎之不见其首，随之不见其后。执古之道，以御今之有。能知古始，是谓道纪。

道的存在，不仅没有穷尽，而且，作为一个变幻无穷的魔法师，它还有许许多多个性十足的特点呢。下面，我们来认识一下它的这些特点吧。

首先，即使它处于最高、至上的境界，也不能增加它的明亮皎洁；即使它在最低贱、卑下的地方，也不能使它变得更愚昧。这就是老子说的"其上不皦，其下不昧"。它是最不容易改变的那一个，这一点就像一些组织中的顽固分子一样，不管你把它放在哪里，它都是它，你很难改变它。

其次，虽然它绵绵不绝，纷繁复杂，变来变去，总显得没完没了，没有穷尽，但最终它还是会归于寂灭，走向"无"的。不过这"无"还会生发出更多的妙"有"来。这就是"绳绳不可名，复归于无物"。

如果你们要问这个魔法师到底长什么样，还真不好说。为什么呢？因为它"无状之状，无物之象"，就是说它有着没有形状的形状，也即没有任何外相。它的存在，只是一种说不清、道不明、似有似无的状态。这里的"惚恍"特指一种不太清晰的状态，似有形象，又没有形象。

最后，"迎之不见其首，随之不见其后"，你连忙迎接它，却看不到它的头在哪儿；你想跟随它，但又看不到它的尾巴。我常说一句话，一根筷子探测不了大海的深度。道也是这样。有句话叫"神龙见首不见尾"，这是孔子对老子思想的评价。相传孔子拜见老子，回来后整整三天没有说话。学生们想不明白，就去问老师，孔子说："老子的思想像神龙一样，腾云驾雾，遨游于太虚之境，无影无形飘忽不定，我实在是探测不到他的底细呀！"这说明老子的思想境界太高，连孔子都琢磨不透。

那么，我们学习《道德经》是为了什么呢？就是把握住这从古至今都存在的"道"，通过道来认识存在着的万事万物。我们常说，学习经典就是要学以致用、经世致用、古为今用。如果不用的话，学习是没有意义的。所以，我们要以古人的经验为镜，正我们自己的衣冠。

第十五章

世上最可爱的人

原文

古之善为道者，微妙玄通，深不可识。夫唯不可识，故强为之容：豫①兮若冬涉川；犹②兮若畏四邻；俨兮其若客；涣兮其若凌释；敦兮其若朴；旷兮其若谷；混兮其若浊。孰能浊以静之徐清？孰能安以动之徐生？保此道者不欲盈。夫唯不盈，故能蔽而新成。

---

① 豫（yù）：象之大者。贾侍中说，不害于物。见《说文·象部》。传说其体庞，探出身子取物时身体摇晃不稳。

② 犹（yóu）：犹狙，猴子一类的动物。

这一章很有意思，说了古时候得道的人的一些特征。那些得道者到底有哪些特征呢？我们一起来看看。

首先，他们"微妙玄通，深不可识"，意思是他们微妙通达，深刻玄远，不是一般人可以理解和认识的。他们做事特别慎重，就好像在冬天踩着薄冰过河一样；他们的警惕性也总是很高，就好像随时防备敌人进攻似的；他们做事永远都恭恭敬敬，显得特别郑重其事，从不随便应付什么，就好像要去赴宴做客一样；他们行动起来总是洒脱也很自然，就好像冰块在春天里慢慢地消融；他们非常纯朴厚道，就好像没有经过加工的原料；他们的胸怀旷远豁达，好像深幽的山谷一样；他们浑厚宽容，好像不太清澈的浊水。谁能使浑浊安静下来，慢慢澄清呢？谁能使安静动起来，再慢慢显出生机呢？保有这个"道"的人不会自满。正因为他们从不自满，所以能够去故更新。

1. 像猴子一样谨慎小心

古之善为道者，微妙玄通，深不可识。夫唯不可识，故强为之容：
豫兮若冬涉川；犹兮若畏四邻；……

先带你们认识两种上古的野兽。虽然是野兽，但它们也有自己的特点，就像你们都有自己鲜明的性格一样。

第一种叫豫，它非常多疑，忧虑，做什么事情都显得迟疑不定，犹豫不决。第二种叫犹，它是一种猴子，警惕性特别高，不论什么时候都很警觉，不论干什么，都是小心翼翼的。比如，当它刚出来时，会东张西望，特别胆小，就像小老鼠一样。由于这两种野兽的性格有相似之处，人们便把它们组合在一起，成为一个词语，用来形容做事瞻前顾后、迟疑不定的样子，这就是我们所说的"犹豫"——圣人的第一个特点。

我们来说说圣人的第二个特点：警觉。你们一定要明白，警觉是一种智慧，说明对世界万物都有一种明明朗朗的洞察力。在我的小说《无死的金刚心》中，就有这样一个情节，主人公琼波浪觉和班马朗赴尼泊尔途中，一次在喜马拉雅山脚下休息，琼波浪觉突然听到一个声音，就生起了一份警觉。于是，他迅速拉起班马朗离开了。就在他们离开不久，在他们休息的地方就发生了雪崩。在这里，琼波浪觉就是凭借一种警觉，生起了敏锐的洞察力，这是一种叫"明"的智慧。

至于古人是什么样子，我们可以去看那些古人留下的书；要了解古代的得道者，虽然这方面的书很少，但我们还是可以从老子这里找到答案。老子说，古代的那些得道者呀，非常神秘，但是他们又有一种玄妙通达的智慧，这种智慧让人们看起来深不可测，你跟他打交道，你是感受不到他的境界的。他们做事就像前面说到的这两种野兽一样，非常谨慎，非常小心。那种谨慎达到什么程度呢？就像冬天过河踩在冰上一样。

你们一定很好奇了，得道者不是圣人吗？他为什么还会谨小慎微、迟疑不定呢？

我们首先要知道，什么是得道者。得道者必须是明白并证得真理的人。而真理最大的特点就是无穷的可能性。事物都是因缘

聚合的，一个因变了，整个事情就不一样了。所以，智者总是小心翼翼地应对着一切。冬天的时候，人们要过河，有两种可能：一种可能是河水已完全结冰，人们在上面走，如果不小心，就会滑倒；另一种可能是河水还没有冻实，结的冰只是薄薄的一层，人走在上面，就会掉进冰冷的河里。不管哪种情况，在冬天过河，都必须小心谨慎。

你们一定要明白，这种小心谨慎可不是胆小怕事呀，而是指圣人做事的态度。圣人做事总是很认真，非常慎重地对待一切。他们不会马马虎虎，应付了事。他们要么不做，要做定然是全身心投入的。当然，这主要是指他们的心态。他们做事不会冒险，更不会执着于结果。同时，在做事时，圣人也总是不慌不忙。

我常说，留一份从容，就是对自己最好的善待。所谓事缓则圆，任事情慢慢地发展，它自然就会圆满。如果你太着急的话，地基打不好，所有的努力都会白费。古人说，欲速则不达，就是这个意思。

2. 保持距离又贴心贴肺

俨兮其若客。

给你们讲个故事。在这个世界上，有这么一种小猪，它们很特别，因为它们的身上长有很多硬刺。一到冬天，它们会靠在一起相互取暖。可是，它们身上带刺，如果靠得太近，就很容易扎到对方，所以它们就不得不分开。怎么办呢？最后，它们找到了一个恰当的距离，这个距离不远也不近，既能感受到对方的体温，又不会被刺扎到。这样，它们就能安全地度过冬天了。这个现象被一个叫叔本华的哲学家称为"豪猪理论"，它指的是人与人相处时恰到好处的分寸感。

在现实生活中，经常会出现一些朋友反目的事情。好的时候呢，大家情同手足，可是突然有一天关系就坏了。很多朋友走到这一步，就是因为走得太近，你身上的刺（也就是令对方不喜欢的那些东西）伤着他了。所以，人与人相处，要相互尊重，不要走得太近，要始终保持一段安全的距离。圣人和智者就是这样，不管是他独处的时候，还是与人交往，他们始终处在一个合适的位置，他的态度始终很庄重，看起来就像做客一样，"俨兮其若客"就是这个意思。他的那种庄重，让人看上去觉得特别有威仪。

在这方面，孔子是我们的榜样。据说，孔子见到国君的时候，总是小心翼翼，非常恭敬，连门槛也不敢踩，因此被后来人笑话，说他一见当权者就失态。他其实不是失态，只是尊重对方。我们和人交往也要这样，要学会尊重。中国的儒家和道家都有这个要求，他们都讲究正身，身体要正，心也要正。"修身齐家"的"修身"就是这个意思。

智者对任何事物都是这样，总是恭敬地对待，充满敬畏，像对待自己的信仰一样虔诚，其中还有一点谨慎小心。他们会遵守世间所有规则。不仅道家，儒家也很强调"敬"的问题。儒家说，"敬神如神在"，就是一种敬畏心；"勿以恶小而为之，勿以善小而不为"，也是敬畏。很多智者心里都有这个东西——尊重一

雪漠说老子：让孩子爱上《道德经》

切的存在。

我一直崇尚君子之交淡如水。君子不会黏黏糊糊，一见面就勾肩搭背喊哥们。过去在凉州时，我朋友不多，就几个，也是时间很长了去看望一下，绝不会像有些人那样，三天两头聚在一起闲聊。因为我知道，人与人相处，是一定要讲究分寸的。有些人走得太近，美就没有了，时间一长，就开始疏远，成为熟悉的陌生人。这也是物极必反，过犹不及的道理。在生活中，我会经常提醒一些朋友不要靠得太近了，要保持适当的距离，要学会保护自己的友谊。

3. 智者的另外四种德行

涣兮其若凌释；敦兮其若朴；旷兮其若谷；混兮其若浊。

我们一起开始学习《道德经》的时候，我就说了，《道德经》是老子教人们修道做圣人的。很多人一听圣人，就觉得离自己太遥远，真是这样吗？王阳明还是少年时，有一天，老师问学生，读书所为何事呀？很多孩子回答说，是为了考取功名，可王阳明却胸有成竹地说，读书是为了做圣贤。现在，随着我们不断深入地学习《道德经》，你们是不是也有信心了呢？因为老子五千言，就是教人做圣贤的，这里不仅有做圣贤的方法，还有标准。

现在我们就来看看，圣人有哪些标准。

第一，他们自在随意，看起来就像春天的冰雪融化为水一样。

在这里，"涣兮"是自在随意的意思，"若凌释"的意思是"就像冰融化为水一样"。这是毫不做作、自然而然的一种状态。为什么呢？你们知道，圣人之所以是圣人，是因为他们没有了"我"。他们已经放下了一切，他们的起心动念无非是为了利于他人，所以，他们内心坦荡，没有什么不敢示人。这是指他们的心态。但前面我也讲了他们行为上的严谨和小心，那是他们对待世界的态度。他们不论做什么都很慎重，这也是为了尊重一些世间规则。

第二，他们特别敦厚、淳朴、实在，就像未经雕琢①的璞玉一样，按老子的话说，就是"敦兮其若朴"。他们看起来一点也不聪明，没有一点心机，在人群中也很不起眼，但他们却有大智慧。他们看破了一些东西，那些功名、利禄、算计、争斗都没有意义，一切都会过去，一切都会变化。所以，他们不去管那些很快就过去、很快就变化的东西，他们在乎的是他们对世界的贡献，在乎的是他们活着的意义和价值。

第三，他们有圣心。圣心是什么呢？圣心就是无我利他的心。所以，圣人必然有宽广、坦荡的胸怀，他们能包容一切，虚怀若谷②。这就是"旷兮其若谷"。你们要明白，圣人是没有分别心的。他们的眼里没有敌人，没有鲜花，没有毒草，一切都是平等的。他们就像空谷一样，允许一株幽兰怒放，也允许一棵狗尾巴草疯长。在他们的世界里，所有存在的一切事物，都是合理的，他们给谁都留有一席之地。

---

① 雕琢（diāozhuó）：雕刻（玉石）。
② 虚怀若谷：胸怀像山谷那样深而且宽广，形容十分谦虚。

　　第四，圣人从不粉饰①自己，他们看起来非常质朴，就像混浊的河水一样，看不清河底有什么东西。他们永远随遇而安，随着环境的变化，完全融入对方，与对方浑然成为一体。这就是"混兮其若浊"。圣人知道水至清则无鱼，所以，他们能包容一切，让自己显得很"浊"。关于这一点，可以把它理解为"藏"。圣人善于隐藏自己，但可不是刻意地隐藏，而是不显山不露水。他们在尘土当中，就是一粒尘土；在光明当中，就是一线光明。

　　虽然他们在人群中毫不起眼，但他们对一切事物都始终是明

---

　　① 粉饰：涂饰表面，掩盖污点或缺点。

明朗朗，清清楚楚的。雄鹰立在架上时，总是耷拉着头，像是睡着了一样。可事实上，它非常警觉，一有动静，就会腾空而起。圣人在人群中，也是这样，你根本看不出他们有什么智慧，更看不出他们的境界。除非有因缘需要，他们才会显示他们的智慧。否则，他们就像一口钟一样，只是静静地立在那里，人不敲，它不响。也就是说，人不问他们问题，他们就不会找上门给你讲，更不会卖弄。圣人不攀缘，只是随缘。

4. 智者的四种能为

　　孰能浊以静之徐清？孰能安以动之徐生？保此道者不欲盈。夫唯不盈，故能蔽而新成。

　　上一节，我们学习了智者的四种德行，现在，我们再来看看智者的四种能为：

　　首先，他们能让浑浊变得澄净。老子在这里为了加强语气，特意用了反问句"孰能浊以静之徐清？"意思就是谁能在浑浊中安静，让泥沙沉淀下来，让水慢慢变清呢？言外之意就是他们不仅可以在浑浊的世间保持自心的清静，还可以把这份清静传递给别人，让别人也感受到这份清静。

　　"孰能安以动之徐生？"是说他们能在安静的同时暗藏着鲜活灵动的智慧。"静如处子，动如脱兔"，这就是一个智者最典型的状态。当他们静下来时，就凝神安住于一点，不管外部世界，只管安住于自己的心；可一旦"动"起来，他们就变得非常灵活，这种灵活可以给世界带来另一种活泼的东西。

还有，圣人不求圆满。如果给一个盛满了水的杯子继续加水，会怎么样呢？答案只有一个，那就是水会溢出来。圣人不会这么愚蠢，甚至很多时候，圣人不追求杯子中的水太满。也就是说，他们不会追求太完美。太完美了，就是过犹不及。

圣人从不自满，也不追求自满。所以，他们总能去粗取精，去伪存真，与时俱进。还有一层意思，圣人总能推陈出新，使旧事物以新的面貌出现。

第十六章

静下来，会发生什么

致虚极，守静笃。万物并作，吾以观其复。夫物芸芸，各复归其根。归根曰静，静曰复命。复命曰常，知常曰明。不知常，妄作凶。知常容，容乃公，公乃王，王乃天，天乃道，道乃久，殁身不殆。

　　我们已经学了十五章，你有没有这样的感觉：哦，原来《道德经》不是那么难懂！原来，老子所说的这些话，这么有趣好玩！是的，不仅好玩，还很实用呢。这一章就是这样。不管是修道，还是做学问，古人向来都特别强调"虚"和"静"。为什么呢？老子在这一章中，就给我们讲了这个问题。

　　我们先来看看这一章的意思。这段话翻译成白话文就是：我们要尽力使自己的心灵达到虚的状态，虚到极致，还要坚守住这份清静不变。世上万物都在一同生长，一刻也不会停息，所以，我们要从中观察它们循环往复的生命轨迹。万物看上去虽然纷繁杂乱，但最后却无不返回它们各自的本根。返回到它的本根就是永恒不变的事物规则，这规则说到底就是复归于生命本身。复归于生命本身就叫作顺应自然。只要认识了自然规律也就会明白真理。如果不认识自然规律而轻举妄动，往往就会惹出祸乱来。认识自然规律的人，是特别包容豁达的人，自然会公正、无私、坦荡。包容到一定程度，胸怀就会越来越大，才符合自然大道。只有符合自然大道，才能长久，才能终生不遇到危险。

1. 虚静笃

致虚极，守静笃。万物并作，吾以观其复。

我们前面已经学习了，老子在这里所说的"虚"是空、无、低的意思，因为一个人只有这样，才能接受新的东西。我们小时候，老师常说，"虚心使人进步"，只有虚到极点，才能无我。一个人无我，也就没有了执着。没有执着后，接下来就要"守静笃"。

在我们传统的儒、释、道文化中，都有对"静"的训练。像儒家文化中的慎独，是指在人面前，心里有敬；一个人待着时，心里也有敬。对万物、对大道、对天地、对鬼神，儒家都有一种尊敬。这是儒家思想的特点。

过去，儒家的人还通过一种念诵的方式致虚极。如何念诵呢？他们有自己的旋律，韵律非常优美，不急不缓，就像流水一样。我们在看电视时，会看到在一些古装剧中，有人摇头晃脑，读书读得很陶醉。这样做的目的其实也是为了让心安静下来。

让心安定下来，就会渐渐进入宁静达到极致的状态，这种状态中除了虔诚和向往，还有一个东西，就是观察。观察什么呢？观察万物和自己一同生长。当一个人能做到这一点时，他就有了智慧。如果你观察不到万物，那么你的状态就不对。哪怕你静到了极致，也是一种休眠状态，智慧也是死的，因为你在下意识地压抑自己的念头。

"笃"是一种非常好的品德，它代表恭敬和虔诚。一个人如果有了这种品德，他就是一个脚踏实地的人，一个虔诚笃信的人，一个忠诚可靠的人。

比如，孔子在每次用餐前，都要先祭天。他说，敬神如神在。虽然他不一定相信真的有神存在，但他还是恭敬地祭拜。我父亲死后，每次吃饭，我母亲都会多盛一碗饭摆在父亲生前常坐的位置。为什么呢？因为她觉得我父亲一直都在。他们做到了"笃"，是因为他们心里有"敬"，这是很可贵的一点。

我们这个时代是日新月异、大有可为的时代，但也有一些人做事没有底线，没有原则：有人制造假冒伪劣产品；有人贪污受

贿，无法无天；等等。就是因为他们把心中的"笃"丢失了，没有了敬畏，才会为所欲为。

2. 在红尘中寻找那唯一的永恒

夫物芸芸，各复归其根。归根曰静，静曰复命。复命曰常，知常曰明。

如果你看到"物"这个字，首先会想到什么呢？物体、物品、事物，对吧？所以，物是指人以外的具体的东西。这里的"人"主要是指人心，而且是特指精神意义上的心，而不是那个肉团心。因为，如果不特指心的话，我们常说的人也是物呢，如人物。

所以，物是指除了精神意义上的心之外，一切具体的事物，包括人的肉体。古时候，人们常说天人合一，心物一体，其实，这说的是一种境界。当你达到这种境界的时候，你就会进入"虚静笃"的状态。那时，你静下来了，万物也静下来了。在这静的状态中，你对一切都明明朗朗，你能清楚地看到万事万物的纷纭变化，还有那生生灭灭的变化规律。什么规律呢？这就是"夫物芸芸，各复归其根"。

当发现这个规律的时候，你就不会患得患失，不会对得失耿耿于怀。给大家讲个故事。庄子的老婆死后，有个叫惠子的人去看他。这个惠子本想庄子一定很痛苦，可他到了庄子家后，却看到庄子正拿着一个盆边敲边唱歌。惠子很不理解，他就想："老婆死了，怎么还有心情唱歌？"他骂庄子没良心。庄子一听，不慌不忙地说："哎呀，你有所不知，我本来也是很伤心的，可一想到，她是从无中来，现在又归于无了，便也释然了。因为这是顺应天地之法的。我并没有失去她，她现在也不一定就过得不好，这样一想，我就不伤心了。所以，为什么不能唱歌呢？"

当你面对一朵盛开的鲜花时，如果你知道它很快就会枯萎，更知道这是万物的生长规律，你就不会幻想它永远盛开，永远都这么美了，同时你就会享受当下它带给你的美丽和芬芳。同样，当你面对一朵被风雨打落的鲜花时，如果你知道即使风雨没有打落它，它也会枯萎，你也就不会难过了。如此，你也就到了"静"的状态。

到了这时候，又会怎么样呢？有人说是会归于本有的清静状

态，有人说是会生发出新的生机活力。我偏向后面一种观点。所谓否极泰来、苦尽甘来、物极必反都是这个意思。这时候，就会回归本有的生命状态。本有的生命状态以老子的话说，就是"常"，这是永恒不变的真理。

我的《娑萨朗》史诗就写了一个追求永恒的外星人。那个女孩子为了拯救她的星球，来到了地球上。本来，她的身子是虹光身，一旦远离她的星球，能量就会减弱，那光就会越来越淡，最后整个消失，但她还是义无反顾地离开了熟悉的家园，踏上了寻觅的路。为什么呢？因为不离开不行，她的星球就要毁灭了。其实，这是一个大预言。我们的地球也如那个女孩的星球一样，迟早会毁灭，所以，现在有一些科学家在寻找新的家园。他们不断在宇宙中探索，希望赶在地球毁灭之前，给人类找一个新的家园。我们的地球非常美，

那么多美丽的高山大川，那么多美丽的海洋岛屿，还有形形色色的人，但总有一天，这一切都会被无常吞噬。我们苦心经营的家园，终究会毁于一旦。如果所有的人都明白这一点，就不会大肆破坏地球了。

圣人明白这种不确定性，所以，他们不追求这些。他们追求的是真正的"常"，也就是静到极致、归根复命时发现的不变的东西，是真理、道。

最后，当他明白了这种真理，也便是"知常曰明"。

3. 人如何才能做到宽容

不知常，妄作凶。知常容，容乃公，公乃王，王乃天，天乃道，
道乃久，殁身不殆。

你们要注意了，这里的"常"可不是经常、常常的意思呀，
而是指万物变化的永恒规律。老子的意思是，如果一个人不知道
事物发展变化的永恒规律，而妄自做主，就会引来祸患。

一般老百姓都"不知常"，所以，他们才会疯狂地追逐一些
很容易消失的东西。比如，一个人痴迷于赚钱、追求名利等。可
是如果突然有一天，他去世了，那么，他挣来的那些东西，虽然
有价值，但很快就会消失。更有甚者，一些人会为了自己的利益
没有底线，胡作非为，这就是"妄作凶"。而当一个人明白身外
的很多东西都靠不住，也没什么意义时，如果他能专注于人格修
炼，专注于无我利众之事，专注于创造一种精神性的岁月毁不掉
的东西时，那么，他就是智者。

圣人知道什么该做，什么不该做，什么值得做，什么不值
得做，于是，很多事情他就能包容。因为世界本身一直在变化，
所以，他不会去执着一些现象性的、表象的东西。这就是"知
常容"。

包容到一定程度，胸怀就会越来越大，最后将整个天下都装
在心里。这就是"容乃公"。孙中山先生提出了"天下为公"。
过去封建社会都是"普天之下，莫非王土"，意思就是天下所有
的土地都是属于皇帝的，皇帝有着一切生杀予夺的大权。孙中山

推翻清政府后，提出了"三民主义"，想让国家独立富强，让老百姓过上好日子。

公心是相对于私心的。有很多人活着，就是为了自己，为了自己的家人。但在这个世界上，也不乏一些为了大众而活着的人。在我国历史上，有很多伟大人物都是这样的人，他们致力于为人民谋幸福的事业。比如周恩来的"为中华崛起而读书"，雷锋的"为人民服务"。清朝重臣林则徐，曾说过两句非常有意思的话："儿孙若像我，留钱做什么？儿孙不像我，留钱做什么？"意思是，如果子孙像我林则徐，那么我就算不给他们留钱，他们自己也会有钱花；如果子孙不像我，我更不能给他们留钱了，留下也是让他们挥霍，反而是害了他们。很多人就是不明白这个道理，才会把大量财富留给孩子。孩子从小在富贵的环境里长大，如果得不到正确的引导，就容易被环境和财富所腐蚀。所以，很多精明的富翁都把自己的钱捐了，不给孩子留下财产，不给孩子创造便利，让孩子一切靠自己。这种做法很有远见。

当一个人有了公心，他就会有一种王者之气，他的心灵也变得很强大。他已没有私欲，已破除了所有执着，有一颗属于自己的心灵。

接下来，"王乃天"，就是说当他做了自己心灵的主人，成为自己的"王"，这时，他的一切行为，就会符合天道。注意，孩子们，这里的"天"可不是天空的天，它是指大自然、大道。一个人如果能主宰他的心灵，那他就比能主宰普通意义上的天道的人，更有智慧，境界也更高。所以，当他的心大于天，他也就合道了，也就是老子说的"天乃道"。

"道乃久"，意思是：符合大道，才能长久。就像一滴水汇入了大海一样，它与大海融为一体了。你们要注意，这里的"久"，是一种时间和空间上的延续。只有符合自然大道，才能长久，才能终生不遇到危险。

第十七章

高手的管理秘诀

原 文

太上，不知有之；其次，亲之誉之；其次，畏之；其次，侮之。信不足焉，有不信焉。悠兮其贵言。功成事遂，百姓皆谓我自然。

　　前面，老子主要讲了人们该如何修身、修道。这一章，他重点讲了如何治国。《大学》中也说，君子要先修身、齐家，然后再治国平天下。所以，一个君子在做好自己的前提下，还要影响别人，为社会或者国家做贡献。老子也说过，治大国如烹小鲜。那么，该如何治呢？最好的治又是什么呢？

　　老子给统治者划分了一个等级，还为他们立了一面镜子，如果谁想知道管理水平在哪个境界，到这面镜子前照一下就知道了。那么，到底都有哪几个等级呢？

　　首先，最好的统治者是"不知有之"，意思是，老百姓并不知道他的存在。次一等的，是老百姓愿意亲近他，并且歌颂、赞美他。再次一等的，百姓就畏惧他、害怕他。最次一等的，老百姓则会轻视他，看不起他。为什么呢？正是统治者的诚信不足，导致了老百姓不再相信他。最好的统治者是很悠闲自在的，因为他很少会发号施令。事情办成功了，老百姓就会说"我们本来就是这样的"。

　　这一章非常重要，看上去是讲治国的，但它的意义远远不止于此。因为自古以来，它影响的不仅仅是我们的国家，还影响着我们的家庭、单位和个人。所以，不仅是判断统治者的好坏，也是判断天下父母好不好的标准，是衡量单位领导合格不合格的标准，也是看一个人的人格如何的标准。

1. 以道治国，春风化雨

太上，不知有之。

如果你们不太理解这句话的意思，那就想一想，最好的帮助，是让人知道你在帮他，还是在人毫无觉察的情况下悄无声息地帮？如果你仍然不好选择，我们就来看看雷锋的故事。在我很小的时候，大街小巷到处张贴着"向雷锋同志学习"的标语。他"做好事不留名"，是全心全意"为人民服务"的典范。雷锋精神影响了一代又一代中国人。雷锋作为一名共产主义先锋战士，他为什么会成为一个时代的榜样，让全社会的人都学习呢？雷锋之所以成为值得我们学习的人，就在于他的行为。他做了好事，却从不认为自己在做好事；他帮了别人，也从不认为是在帮别人，更不会留名。但不愿留名的他，最终却在历史上留下了一个响当当的名字。这就是"太上"，这是做人做事最好的一种状态。

同样，我们可以把这种状态上升到治国。什么是治国之道呢？前面我们已经说太多了，它最大特点便是无为，无为而无不为。老子倡导一切顺其自然，尊重万物自己的发展规律，不要过多地干扰和干预老百姓的生活。所以，在我国两千多年封建社会的统治中，崇尚老子思想的那几个朝代，都相对比较好，国家经济繁荣，百姓安居乐业。

2. 以德治国，感动民心

其次，亲之誉之。

你们如果看过《三国演义》，就知道三国有一段多么波澜壮阔的历史。那是一个英雄辈出的年代。在众多的英雄当中，刘备以他的纯朴、善良和信义，感动了千千万万读者。

当关羽和张飞死后，刘备倾尽全部兵力，要为兄弟报仇。虽然他当时的选择不是一个合格的军事家和政治家该有的行为，但他却是一个有血有肉、有感情的活生生的人，是一个浑身散发着人格魅力的人。你们通过看电视、看历史书，应该知道有很多父子、兄弟为了权力和财富骨肉相残，争来斗去；而刘备为了一场结拜的兄弟情谊，居然可以放下一切，为他们铤而走险。当然，正是因为这些人格魅力，才成就了刘备。刘备是典型的以德治国，所以，在三国中，刘备的才能虽然不是最突出的，但他的身边却聚集了一大批优秀的人。

德治运用在企业管理中也是这样。如果单位福利好，老板对员工也关心，这样，员工就会更加努力地工作。如果员工愿意留下来与企业同甘共苦，同舟共济，这就是"亲之"；如果他们还愿意在亲朋好友中，为企业做宣传，赞美歌颂企业，这就是"誉之"。

当然，如果不能德治，还可以礼治，就是以礼治国，用礼乐制度，如礼仪、艺术等来熏陶老百姓。礼治最明显的一个特点就是等级非常分明，只有到了一定的级别，才能享受相应的礼仪歌舞等，不然，就违反国家的规定了。在我国历史上，周王朝是最典型的礼治时期。

在《史记》中，有这样一个故事：有一天，虞国和芮国两国的人闹了纠纷，他们自己没法调和，就到周国想请西伯姬昌评理，因为大家都很尊重姬昌。结果，到了周国，看到那里的百姓互相谦让，一团和气，他们一下子感到无地自容，觉得很惭愧，就讪讪地礼让着回去了。所以，一个国家能礼治，也是非常好的。

第十七章　高手的管理秘诀

3. 刑法治国，威慑人心

其次，畏之；其次，侮之。信不足焉，有不信焉。悠兮其贵言。功成事遂，百姓皆谓我自然。

你们要明白，人性是复杂的。如果一个国家要想保持稳定和富强，光靠德治、礼治还远远不够，还需要法治。法治呢，就是靠法律来治理国家。我们常常会说，"现在是法治社会""法治社会，人人平等"。按老子的标准，这算是第三等的统治了。

我国历史上，最早的法治当属秦国的"商鞅变法"，推行了一些移风易俗的法律。

比法治次一等的是刑治。法治追求的是公平、公正，让老百姓懂原则、守规矩，但刑治则纯粹是威胁、制裁老百姓。比如反动统治者大规模逮捕、屠杀百姓，还有文字狱等。他们断章取义，牵强附会，完全不讲原则，不讲法律，不讲公平，仅仅凭一句话就能把人处死。如清朝一个文人写了两句诗："清风不识字，何故乱翻书"，就有人说这个"清风"暗指清朝，遂招来杀身之祸。

刑治残酷血腥，名目繁多。武则天时期实施过刑治；还有朱元璋，对一些官员的刑罚也很残酷。你们听过"苛政猛于虎"吗？它背后有一个很悲惨的故事：孔子和他的学生子路去一个地方，在路上看到一个妇人跪在一座坟墓前哭，孔子问她发生了什么事。她说，这里老虎很多，她的老公和儿子都被虎吃了。孔子问："那你为什么不离开这里呢？"那妇人叹一声说："这里虽然有猛虎，但没有苛政啊！"在过去的一些朝代里，苛政比老虎还可怕。

对于今天的幸福生活，可能你们觉不出什么，但我不止一次听到一些老人说，我们现在的这个时代有多好，这在过去是从来不曾有的。

现在回过头来看，是不是觉得老子太了不起了？我们五千多年的中华历史虽然漫长，过程分分合合也很曲折，但他老人家用短短的几句话，就把中国的历史变迁给概括了："太上，不知有之"，这是得道明君统治时期，但很少出现；"次之，亲之誉之"，好的朝代基本上都属于这一类，也是国家强盛的时期；"其次，畏之"，法治、刑治出现了；"其次，辱之"，最后百姓们忍无可忍，天下人都骂当朝者时，天下就该大乱了，因为老百姓对朝廷已经没有任何信心了，觉得这个朝廷肯定不会变好，失望透顶了。这标志着国家诚信的丧失。诚信是国家的道德底线，假如诚信丧失，不可信任，这个国家就失去底线了，随之而来的就是人民揭竿而起。很多的朝代更替就是这样。

所以，真正高明的统治者都不会折腾老百姓，他们会从容、自在地等待百姓的成长，不会拔苗助长，更不会随便发号施令。在团队、家庭中也是这样。我们不管做什么，都要遵守规则，顺其自然，不要折腾。

顺其自然，尊重规律，这不仅是一种智慧，也是一种仁慈。

4. 教育的四种境界

通过学习，我们知道了"道"的无所不在，无所不包，无时不有。

所以，这一节中，我们就通过老子对治国的分析，来看看这种智慧在教育和管理领域中的妙用吧。

我们都认识这么久了，你们是不是已把我当朋友了呢？告诉你们，我从一开始，就把你们当作我的朋友了。不管是过去我当老师的时候，还是成为作家后，对于教育，我都不是教给你们什么，更不是教训你们。我始终认为，最好的教育方式是"影响"。只要家长在家里营造好一种氛围，像春风化雨一般，接下来，就是让你们自己去成长，自己去改变了。

我在教育我的儿子时从来不打骂他，我只是用自己的言行去感化他，让他自己学会选择。几十年来，我一直像他最好的朋友，理解着他，尊重着他，帮助着他。他虽然没有上过正规大学，但事实证明，我对他的教育是成功的。

不仅对自己的孩子是这样，过去，我在家乡教孩子们写作文时也是这样的。所以，他们都很喜欢我的课。当有些孩子不好好学习时，他们的家长会以不再给他们报雪漠作文班吓唬他们。这就降了一个层次，到"畏之"的境界了。当然，孩子们不一定接受他们这种方式。

同样，在你们眼里，如果你们的爸爸妈妈非常优秀，在某些方面成了你们的榜样，你们就会以他们为荣，会积极主动地向他们学习。次一等的，即使你们的父母在某些方面，给不了你们榜样的力量，但他们与你们相处时，始终是平等的，他们总是像朋友一样尊重着你们，你们是不是也会非常乐意亲近他们，为他们说好话呢？所以，这种情形就是"亲之，誉之"了。如果他们总是很凶，对你们总是非打即骂，总是要求你们做这做那，完全不顾及你们的感受，用他们的家长权威强迫你们时，你们是不是就会觉得，爸爸妈妈不爱你们。这样，你们就会感到失落，从心中排斥他们、害怕他们，这就是"畏之"。更有些父母，自己有不好的生活习惯，再要求孩子，孩子就会生出一种蔑视的情绪，心想："你都这样了，凭什么要求我？"这就是"侮之"。尤其是最后一点，如果做父母做到这个份儿上，其实是很悲哀的。

对于管理也是这样。最好的管理是让被管者心悦诚服，而不是吓唬威胁他们。你们都喜欢看《西游记》吧？你们看，那里面的唐僧显得多无能啊，他除了会念声"阿弥陀佛"外，既不会武功，也不会变化，更不会飞；而且，还要三个徒弟一路保护着他。但奇怪的是，三个徒弟对他一片赤诚，忠心耿耿。你们想想，是什么让唐僧成为领导了呢？当然是领导者的素质和管理的水平。什么是领导者的素质呢？比如做事的使命感、目标的明确性、对梦想的坚守等。唐僧知道自己前进的方向，并对自己的西行目标坚定不移。同样重要的是，他懂得如何调教、管理那几个顽徒。在西行的漫漫长路上，困难不断，挫折不断，如果没有唐僧，三个徒弟可能早就分道扬镳了，更别说一起去西天取经了。正是因为唐僧这个影响力中心，互不相干的四颗心才牢牢地凝聚在了一起，也才有了后来的故事。

与唐僧一样的人还有《三国演义》中的刘备和《水浒传》中的宋江。比起属下来，他们确实没什么大本事，那个刘备还动不动就哭呢。许多时候，他们都显得很软弱。但他们都有一颗包容他人、尊重他人的心，尤其是对那些比他们强大，比他们有本事的人。因为他们大海般的胸怀，才使那些人能在他们人格魅力的感召下，心甘情愿地追随他们。这就是"亲之，誉之"。如果一个单位领导老是拿扣钱来吓唬属下，使属下不得不害怕他，进而远离他，那就是"畏之"，境界就低了。如果他的一些行为还让属下看不起、轻视，那就到了"侮之"的地步了。到这一步，领导基本就没救了。

所以，真正的成功，是人格的成功。一个人想要成功，就要进行人格修炼；一个团队想要成功，就要实施德治、礼治，再不行就是法治。

5. 人格修炼的五种境界

我相信，每一个孩子都是一粒好种子，只要努力，将来一定能成功，一定会成为我们国家的栋梁。我们学习《道德经》就是为了从小打好基础，尤其是人格修炼的基础——因为一个人的人格直接体现着他的境界。

也许你们又该问了，我们该如何修炼自己的人格呢？别着急，我们做一件事情之前，首先要全面了解它，认知它，然后才能拿下它。现在，我们就先来做个游戏。我们面前有五面神奇的镜子，分别能照出不同层次的人。你们可以来照一照，看看自己目前是哪类人，接下来，你又想成为哪类人呢？

第一面镜子能照出的是特别聪明的人，他们很有智慧，但大多又有点懒。有人调侃说，人类懒得走路，就发明了汽车；懒得爬楼梯，就发明了电梯。但也有一些例外，他们发明东西、研究事物是因为他们的大心大愿，他们想让这个世界变得更好，让这个世界上的人生活得更好。

第二面镜子能照出的是既聪明又勤奋的人。很多成功的人都是这样的，他们的脑子很灵活，身体也很勤快，所以做事也就相对容易成功。

第三面镜子能照出的是既不聪明也不勤奋的人。这种人就是这个世界的芸芸众生了。他们平凡、安于现状、得过且过，有着人作为动物的与生俱来的惰性。

第四面镜子能照出的是愚蠢但勤快的人。他们不知道该怎么做事，但是又想做事，于是，总是好心办坏事，帮倒忙，还自以为是。

第五面镜子能照出的是聪明勤快却心地很坏的人。这种人也像第一类人那样稀少，但他们给这个世界带来了重大灾难。像希特勒就是这类人。

照完了镜子，你就要问问自己：我对目前的自己还满意吗？如果不满意，该怎么办呢？你们一定要明白，你们现在是什么人不要紧，重要的是你们想成为哪类人——这就是学习《道德经》的意义，也是人活着的意义。

明白了这一点，有的孩子就会说，我想做最好的自己。那又该从何做起呢？

我告诉大家，最好的人就是那些让心真正属于自己，但心里又没有自己的人。为什么这么说呢？因为他们心里装的都是别人，做的也是有利于别人的事，而不是贪图自己的享受。他们没有分别心，没有烦恼。他们是已经明白了真理的人。这类人，最明显的特点就是他们总是闲着心在做事。他们对自己的一切得失都不在乎，他们在乎的是如何对人民对世界做贡献。

　　如果做不到这一点，也不要紧，你可以注重自己的行为。我常说，看一个人怎么样，主要是看他的行为。所以，你们可以通过行为，告诉世界你是个怎样的人。因为每个人的价值，都是通过他做过的事体现出来的。当我们达不到前面所说的那种境界，就要有具体的行为，从我们的言行举止上规范自己，从点点滴滴的小事上做起。

　　如果行为上也做不到利于别人，那又怎么办呢？有一颗仁爱的心也行啊。如果你不知道什么是仁爱之心，就想想爷爷奶奶是怎么对你的，爸爸妈妈是怎么对你的。说白了，仁爱就是对别人好，真正关心别人，爱护别人。但这个关心爱护，最终要体现在自己的行为上。

如果你连起码的对人好都做不到，那就至少要求自己不要做坏事。不害人，不偷东西，不抢劫，不扰乱社会秩序等等。你们一定要明白，当一个人做不了好事时，他不做坏事，就是对世界的贡献。

　　不过，我始终相信，每一个孩子都是一个天使。你们来到这个世界上，就是为了让这个世界变得更好。

第十八章

物以稀为贵

原文

大道废，有仁义；智慧出，有大伪；六亲不和，有孝慈；国家昏乱，有忠臣。

看了这章，有人就提出了一个疑问，为什么大道被废弃了，才有提倡仁义的需要呢？为什么人一旦变得聪明，伪诈就会盛行呢？为什么家庭出现了纠纷才能显示出孝慈？为什么国家陷于混乱才能见出忠臣？太多的疑问在人们脑中盘旋。

　　有疑问是好事，说明人们在思考。犹太语言说："人类一思考，上帝就发笑。"可爱的孩子们，当你们也开始思考时，老子也会笑的。为什么呢？因为虽然你们年龄尚小，但你们已经开始追问了。沿着追问这条道走下去，锲而不舍①地探索下去，你们的未来定然会很精彩。

----

　　① 锲而不舍（qiè'érbùshě）：一直刻一件东西，不放弃。比喻做事坚持到底，不半途而废。

1. 不该提倡仁义、智慧和忠孝吗

大道废，有仁义；智慧出，有大伪；六亲不和，有孝慈；国家昏乱，有忠臣。

我们常听人说，谁谁谁很仁义，那你们知道什么叫仁义吗？仁义包括两个方面：一是仁者爱人，二是义者讲义。当两者结合起来，就构成了我们所说的仁义。说具体点，就是一个人讲义气，讲诚信，讲规则，讲道德，总是用一颗仁慈的心对待别人，关怀别人。

要知道，"仁"在我们中国文化中是非常重要的内容。在儒家"五常"中，它排名第一，这就足以说明它的重要性。我认为后面所有的内容，都是建立在"仁"的基础之上的，没有仁，就没有后面的一切。

"大道废，有仁义"，按字面意思，有人认为是：人们抛弃大道时，世界才会提倡仁义道德。其实，这样理解是不全面的。你们一定要明白，不管人们怎么样背弃大道，大道都是不可能被完全废弃的。我们在本书一开始就学习了大道不生不灭，无时不有，无处不有。大道是永远存在的，只有人们不按大道来处事的时候，大道对于他们而言，就像不存在一样了。

你们想一想，在这个世界上，当明白真理的人越来越少，甚至有一天，再没有明白真理的人，而只有失道者的时候，是不是就是"大道废"了？在人类历史上，有些非常关键的时期，出现了很多得道者。比如黄帝的时代，还有被后人称为"轴心时代"的时候，不仅出现了很多得道者，人类思想也得到了前所未有的提升。

现在是市场经济时代，很多人的心都聚焦在如何赚取更多的利润上，一些人的情感越来越麻木。而"感动中国十大人物"这种评选活动，有助于唤醒人们心中那份最质朴的情感。

"智慧出，有大伪"，这句话的意思是人一旦变得聪明，奸巧、伪诈就出现了。你们看到这里，是不是又迷惑了呢？有智慧难道不好吗？为什么说有了"智慧"，奸诈反而会出现呢？告诉你们，这里的智慧，可不是指真正的智慧，而是指小聪明、小阴谋。

有一句话是这样说的："老不看《三国》，少不看《水浒》。"为什么呢？因为年轻人血气方刚，年少气盛，老想当侠客，人又容易冲动，如果看了《水浒传》，就容易受到蛊惑。"老不看《三

国》"，是因为人活了一辈子，该见的见了，该经历的经历了，有着非常丰富的人生阅历，心中自然有许多可以称为计谋的东西。老谋深算、老狐狸等，说的都是这种情况。除非是真正得道的人，有智慧却没有欲望，但这样的人很少。因此，人老了，就要放下一些东西，不要动太多的心思，应该简单地生活。

"六亲不和，有孝慈"，这里的"六亲"虽有几种说法，但人们普遍认为的还是指父、母、兄、弟、妻、子。在一个家里，当这六种关系不和睦时，家庭就会混乱；家庭混乱，就会导致社会不和谐，甚至混乱。因为六亲的关系，也直接体现着一个人的品德。你们想想，一个对家人都不好的人，他会对别人好吗？所以，六亲不和时，就会提倡孝慈。

"国家昏乱，有忠臣"，这跟"危难之时见真情"是一个道理。人只有在落魄的时候，才会辨出谁对他好。同样，当国家处于混乱的时候，往往能鉴别出谁是忠臣，谁是奸臣。在国家安定时，有些看上去很忠心的人，很可能是大奸之臣。历史上这种人有很多，比如春秋时期的易牙。他为了向齐桓公表示自己的忠心，不惜杀害自己的孩子；可当齐桓公卧病在床时，正是他和竖刁等人合谋，活活饿死了齐桓公。

2. 小孝孝于庭闱①，大孝孝于天下

一直以来，我们国家都被誉为"礼仪之邦"。在礼仪中，孝占有最重的分量。那你们知道什么是孝吗？你也许会说，孝就是听爸爸妈妈的话呀。是的。做个听话的孩子是没错，《弟子规》中，写道："父母呼，应勿缓"，对于父母的呼唤，我们要立刻去回应。但仅仅做个听话的孩子，就认为是对父母的孝，这就未免有些太肤浅太片面了。

那么，什么是真正的孝呢？我们要知道，任何一件事物都有程度的深浅，有境界上的区别。孝也是如此。一般认为孝有四层含义：

第一层是对自己的父母好；

第二层是尊敬所有比自己年长的人；

第三层是知道自己的来处，懂得反哺；

第四层是要用实际行动报恩。

在过去一些朝代，举孝推廉一直是朝廷选任官吏的方式，也有很多时候是以孝治天下的。你们知道那个从小就懂得让梨的孔融吗？那么懂事可爱的小孔融，在他还没多老时，却被曹操以不孝的罪名给处死了。据说，孔融有个抨击孝道的理论。事实上，孔融真的不孝吗？根据史料推断是否定的。你们想一想，一个四岁就懂得谦让的孩子，把好的大的梨留给哥哥，次好的留给弟弟，

① 庭闱：多指父母的住处。

雪漠说老子：让孩子爱上《道德经》

自己只吃最小的，他的本性多好啊！他长大后，也刚正不阿，只是有点狂傲，为他日后被杀埋下了隐患。孔融知道曹操的野心后，不但不配合曹操，还写文章讽刺他。这样，他就把曹操给得罪了。后来，曹操找了个不孝的理由杀了他。曹操为什么不找别的理由，偏偏找个不孝的理由呢？你们要明白，不管是过去的礼治，还是现在的法治，都不能随便杀人。曹操之所以这样做，就是因为孝是当时治国的根本，谁挑战孝道，谁就罪有应得，死不足惜了。

　　不孝的人，全社会都会唾弃。以前，我们村里有个义学，如果有不孝之人，就会被拉到义学里，全村老百姓都会聚到那里，用树条子抽他，让他认错。然后，他还得摆上一桌酒席，请上全村的老人，老人们会让他当众认错，告诫他以后要孝敬，不孝就会被收拾。这是中国西部农村过去的规矩。

在清朝时，乡贤文化特别盛行。每个地方都有乡绅，由德高望重的人担任。在我的家乡，他们被称为"耆老爷"。甚至有些时候，皇帝还会给一些做出突出贡献的乡绅，如办学、修路的这些人赐黄袍马褂——得到黄袍马褂的人，乡亲们都尊称他们为"皇命老爷"——以彰显其德行，起到教化育人的作用。朝廷提倡孝道，家族里也提倡孝道。这也是清朝入关后因地制宜，以汉文化统治汉民的有效措施。

你们明白了孝文化，也就明白了中国几千年的统治方式。这种绝对服从于长辈的孝，是中国特有的一种文化。儒家文化中有"父母在，不远游"的说法。其实孔子说此话，后面还有一句，"游必有方"，意思是如果要远游，就一定要有方向、目的，要及时告知父母，不要让他们牵挂。你们要知道，孝有大孝小孝，小孝

只是端茶送水，在身边养老送终；大孝是为国家和众生服务。

因此，以天下人之心为心，视天下人为父母，这是真正的大孝。

在我十八九岁的时候，学校放假时，我一般都会留在学校看校，过年也不回家。有一次我的父亲来找我，叫我回家过年。虽然我家离学校很近，骑自行车也就半个多小时，但我还是拒绝了。当时，我对父亲说过："爹，孝有大有小，小孝是端汤送水，大孝是为您争光。"换句话说，能让父母为自己感到骄傲、自豪，才是大孝。

需要说明的是，在中华传统文化中，还有一种愚孝。这种愚根深蒂固，造成了人间的许多悲剧。如《孔雀东南飞》中刘兰芝和焦仲卿的悲剧，如陆游和唐婉的悲剧，《二十四孝图》中也有。你们一定要知道智孝和愚孝的区别。

第十九章

想得少，容易快乐

绝圣弃智，民利百倍；绝仁弃义，民复孝慈；绝巧弃利，盗贼无有。

此三者以为文不足。故令有所属：见素抱朴，少私寡欲，绝学无忧。

学习《道德经》是不是有一种探宝的感觉呢？我过去诵读《道德经》的时候，总是很陶醉。那时候虽然还小，有些意思不太懂，也没有人给我讲，但它读起来抑扬顿挫，朗朗上口，总是让人感觉很有味道。那种味道让你能感受到一种气势，一种力量，有时候它铺天盖地地向我袭来，让我感受到一种生命原始的动力；更多的时候，则是润物无声般，让我内心澄明无比。我就是在这种氛围中，一天天学习着，训练着，成长着，不急躁，也不功利，最终才窥到了它的秘密。

这就像老子在这一章中讲的，抛弃一些聪明和技巧，老老实实地走，踏踏实实地走。只有这样，才能探寻到绝学无忧的秘密。我们先来看看这段话是什么意思，它又隐含了老子什么样的智慧呢？

抛弃聪明智巧，老百姓就能得到好处；抛弃虚假的仁义，老百姓就能恢复孝慈的天性；抛弃技巧和利益，盗贼也就没有了。聪明智巧、假的仁义、虚浮的巧利这三者全是一种粉饰，而把它们作为治理社会病态的法则显然是不够的，所以要使人们的思想认识有所归属，保持纯洁朴实的本性，减少私欲杂念，抛弃圣智礼法的浮夸，才能免于忧患。

1. 谋士的智慧和阿斗的智慧

绝圣弃智，民利百倍。

在这个世界上，人没有绝对的好坏，事物也没有绝对的好坏，即使有所谓的好或者不好，也是因为看问题的心不同，所处的角度不同。所以，对于一些人向往的聪明、智谋，在老子那里是不屑一顾的。在老子的世界里，大道至简，直心才是道场。

那他为什么又说要抛弃智慧呢？你们要知道，这里的智慧是指小聪明和小技巧，不是真正的智慧。当然，如果小聪明用对了地方，也会成为大智慧；但如果用错了地方，就会给社会带来灾难。那些制造毒奶粉的人难道不聪明吗？他们很聪明；还有那些提炼地沟油的人难道不聪明吗？他们也很聪明。但他们都把这种聪明用错了地方，用来害人了，最终也害了自己。正因为有人用这样的聪明智慧做不好的事，使老百姓遭殃，所以，老子就不提倡这样的聪明智慧。

在《三国演义》中，诸葛亮是正面积极的人物，他对君主一片忠心，对汉室江山一片赤诚。在刘备三顾茅庐后的几十年里，他鞠躬尽瘁，死而后已。但是我们换个角度来看，就会发现，他为了报答刘备的知遇之恩，连年征战，六出祁山，北伐中原，给那时的中原带来了多么大的灾难。

小说中的刘禅"不争气"，被称为"扶不起的阿斗"。其实，不是阿斗扶不起，而是阿斗看破了争斗，相比于打打杀杀和血流成河，他觉得只要活着就好，对江山皇位，并不执着。

翻开历史书，我们会发现历史上有不少"阿斗"，他们不为权位，不为名利，总是把生命看得很重。但历史上更多的却是"诸葛亮"，但到头来，他们也是聪明反被聪明误。

老子一直都提倡无为，不争，自自然然，本本分分。我们做任何事时，都要三思而行，顺其自然就好。

2. 为什么说 "道法自然"

绝仁弃义，民复孝慈；绝巧弃利，盗贼无有。此三者以为文不足。

这一节中，老子还是倡导了一种自然的状态：抛弃一些表面的仁义，每个人都实实在在地活着，做真实的自己。当一个人的行为体现着他的心声，他的心声又能通过他的行为真实地反映出来时，他自然就会变得孝敬慈悲；当一个人抛弃对功利的追逐，抛弃那种五花八门的方法和技巧，不贪取不该有的利益，他也就不会去当盗贼了。如果人人都这样了，我们整个社会就会变好。为什么？因为老百姓的生活一切都很如意，他们没有过多的欲望。

然而，现实却常常不是这样。一些人为了达到自己的目的，总是假仁假义，想以一些手段获取别人的认可，继而让认可他的那些人成为他的帮凶。你们知道希特勒吗？"二战"时的那个杀人恶魔，他曾经给整个欧洲带来了巨大的灾难。他的个人修养从表面上看还好，讲仁义，待人温和。但就是这个人，用表面的仁义和慈悲，获得了德国人民的信任和支持，给世界人民带来了巨大灾难。

现在，我们做个假设，如果你的爸爸妈妈的单位要评先进，是不是就会有人拉选票，走后门？如果在社会上倡导学雷锋，获得"雷锋标兵"荣誉称号的人，还会得到政府的奖励，是不是会有人为了名利，而做些表面光荣的事情呢？答案是很可能。

我曾看过一个新闻，为了能得到一套政府补贴的房子，有的人就假离婚。社会上很多悲剧都是利益与人的欲望相驱动的恶果。

如果没有这些利益的诱惑，人们还会这样做吗？

老子不提倡这样不择手段地获取名利。他不主张用人力干预大自然，也不主张用人类所谓的智慧干预社会，他主张尊重一切自然而然的状态，不搞浮夸，也不虚妄。

老子坚决反对采用阴谋手段追求功利，也反对急功近利。他提倡无为而治，提倡大道，提倡让老百姓自自然然地活着、自自然然地劳作。老子认为，到了那个时候，就算不提倡慈孝，人们也自然会孝敬父母；就算不提倡仁义，人们也会重情重义。

老子有他自己的道理，但能否完全实现，还要打个问号。因为历史已证明，无论用圣智、仁义和巧利治国、治心，还是治身，都远远不够。

3. 老子是怎么让心属于他自己的

故令有所属：见素抱朴，少私寡欲，绝学无忧。

你们有没有发现，不论多么复杂纷繁的现象，在老子眼里都一目了然，简简单单。为什么老子就能做到这样呢？现在他就回答了这个问题，因为"令有所属"。什么意思呢？就是心属于自己。那你们是不是又感到好奇了，我们的心本来就属于自己呀！其实不完全是的。

举个简单例子。放学回家的路上，你闻到了街边一个店里飘来的蛋糕的奶香味，你也想去吃，可你没带钱，但那香味一个劲往你鼻子里钻，令你想吃的欲望更强烈了。你知道那蛋糕吃不到，你想快点回家，可你的脚就是舍不得离开那橱窗。那你说说，是你的脚不听话，还是你的心不听话呢？答案当然是心了，因为脚是受心支配的。老子的心始终都是自由的、自在的、随意的。那么，他是如何做到的呢？是不是只有圣人才能做到呢？

其实，不仅仅只有老子能做到，只要愿意我们每个人也都能做到。我曾出过一本小书《让心属于你自己》，其中就谈到了让心属于自己的一些方法。让心清醒、明白，人才有可能自由、安然、快乐。所以，我说的"让心属于自己"与老子说的"令有所属"的意思是一样的。

那怎么才能做到呢？按老子的说法，就是要做到"见素抱朴，少私寡欲，绝学无忧"。

"朴"是不加雕刻的木头；"素"是没有染色的衣服。"见素抱朴"就是要做简单质朴的人，没有心机，让你的心像没有雕刻的木头一样，像没有染色的布衣一样，简单而纯洁。婴儿为什么那么清澈干净呢？因为他未经世事，没有完全的思维能力，也没有受到世俗的污染。一个人心思简单、纯净，是千金都难以买到的幸福。我有个学生曾说过，她特别羡慕一个女孩，因为那女孩经历少，心思很单纯，在她眼里什么都是好的，什么都是圆满的。我还出过一本小书《世界是心的倒影》，里面有句话："一个人的心和行为都好的时候，世界就会圆满无缺。"所以，我们要存好心，行好事，做好人。

除此之外，还要"少私寡欲，绝学无忧"，就是说要减少私心、欲望，抛弃那些假仁假义的假学问，不要学那些投机取巧的小聪明，只有这样，才能不惹是生非、快乐无忧。

老子一直都在帮我们分析一些现象，并通过这些现象，让我们窥到事物背后的规律，也就是真正的道。

有时候，一个人知道得越多，烦恼越多；比较越多，欲望就越多。圣人之所以快乐，是因为他明白事物的可变性，不去比较。而一个凡人产生烦恼的原因是：他爱比较，有欲望。比如，一个人如果知道哪些房子升值潜力大，他就可能去投资；如果他知道怎么理财能赚钱，就会想办法理财，希望能有更多的收益。这样的人，他的心显然不属于自己。他被周围的环境给裹挟①了，被这个时代的一些潜规则给裹挟了，且不论投资回报，对他的身心也不一定很好。

圣人不是这样，圣人明明白白地知道物质的不确定性，他不追求物质的富庶，而追求心灵的自主。所以，圣人"安贫乐道"。比如，与老子齐名的庄子。有一次，楚威王派人给他送了很多礼物，想请他到楚国去当宰相，但庄子死活不肯。他还告诉送礼物的使者，说："大王的礼物虽然很重，相位也很尊贵，但你有没有见过祭祀用的牛呢？那头牛呀，被主人好生喂养了几年后，还给它披上有花纹的锦绣，可主人做的这一切，都是为了让它去做祭品。那时，即使它想做一只瘦瘦的小牛，免受宰割，也不可能了。所以，你还是走吧，我宁愿当一只泥中的小乌龟，也不愿做宰相，受国君的约束。"由此可知，庄子的心是自由的，他没有被物质、

雪漠说老子：让孩子爱上《道德经》

---

① 裹挟（guǒxié）：（形势、潮流等）把人卷进去，迫使其采取某种态度。

权力、名誉等世俗的东西绑架。

不过，时代发展到了今天，你们也不要觉得富贵不好。富贵是一种福报。富贵的人如果初心纯正，会更容易做成一些事情，因为他有做事的愿望和能力。尤其是现在，富贵的人如果乐善好施，就会更容易得到别人的认可和信任，从而具有一定的影响力。

4. 从零到零的哲学

学习到这里，你们有没有觉得老子很可爱呢？他简直就是一个慈悲而又可敬的老爷爷。他告诉我们真理，看似随心而言，其实都是苦口婆心。他认为，"无"是这个世界的本源，世上一切事物都源于"无"，最后又都归于"无"。

比如，我们每个人最初都是不存在的。因为爸爸妈妈的结合，有了一个受精卵，成为胚胎，这个小胚胎慢慢发育，然后出生，成为一个小小的人儿。之后长大、衰老，直到死亡，我们的这个肉体最后又归于了"无"。这就是所有事物的发展规律，从零到零，从无到无。

有些人看了，就觉得很消极，那还争取个啥呢？人生是不是真的无意义了呢？不是的。聪明的孩子可能看出来了，世间一切事物，其实它的重点都不是结果，而是过程。过程决定了人生精彩还是不精彩，有意义还是没意义。

老子强调要顺其自然，不追求那些外在的东西，自然而然地走完整个过程，顺应生命的发展规律，不要干扰，不要折腾，让生命去演场本有的戏。所以，他总是说"道法自然"。

　　我儿子陈亦新在小时候，看到甘肃武威松涛寺吴师父荼毗^①时，眼睁睁看着一个人从有到了无，很长一段时间里，他都陷入了消极的情绪中，觉得什么都没意义，什么都不想做。在他经过了深度的生命思考，我给他讲了心性之后，他明白了这个世界的真理，慢慢走了出来。于是，他便放下在家乡苦心经营的文学院，随我走出了家乡，做了文化传播方面的更有意义的事。

　　正因为是从虚空中来又到虚空中去，我们才要积极作为，在生命还能自主时，做一些岁月毁不掉的事情。

　　① 荼毗（túpí）：佛教用语，指僧人死后火化。

第二十章

不一样的我

唯之与阿，相去几何？善之与恶，相去何若？人之所畏，不可不畏。荒兮，其未央哉！众人熙熙，如享太牢，如春登台。我独泊兮，其未兆；如婴儿之未孩①，儽儽②兮，若无所归。众人皆有余，而我独若遗。我愚人之心也哉！沌沌兮。俗人昭昭，我独昏昏。俗人察察，我独闷闷。澹兮其若海；飂③兮若无止。众人皆有以，而我独顽且鄙。我独异于人，而贵食母。

---

① 孩：婴儿笑。
② 儽儽（léiléi）：疲困的样子。
③ 飂（liù）：飘动。

老子有一肚子的智慧，也有一肚子的故事。在这一章里，他给大家介绍了一个人。这个人很特别，有些木讷，有些孤独，总是一副淡然的神态。不仅如此，在他看来，诚恳和逢迎没什么两样，美好和丑恶也没什么区别。你说他奇怪不奇怪？

不过，他虽然很特别，但人们害怕的事物，他也害怕。众人都熙熙攘攘①、兴高采烈的，就像要去参加一场盛大的宴席一样，也像在春天里登上高台眺望美景一样，而他却独自淡泊，安然宁静。他傻傻的样子，如同婴儿还不会发出笑声；疲倦闲散的神态，好像浪子还没有归宿。在他眼里，所有的人都很有才华，而他自己却什么也不是，只有一颗愚人的心。众人光辉自炫，唯独他迷迷糊糊；众人都严厉苛刻，唯独他淳朴宽宏。恍惚啊，那感觉就像大海在汹涌一样；又像漂泊四方，无处停留一样。世人都精明

---

① 熙熙攘攘（xīxī-rǎngrǎng）：形容人来人往，非常热闹。

灵巧有一身本领，唯独他愚昧而笨拙。而他与别人不同的，就在于他得到了"道"。

这个"他"既是指得道的圣人，也是指老子自己。

1. 毁誉如幻，但人言可畏

唯之与阿，相去几何？善之与恶，相去何若？人之所畏，不可不畏。荒兮，其未央哉！

在学习前，先问大家一个问题，如果有人辱骂你，你会有什么样的反应？如果有人表扬你，你又会有什么样的感受？

也许，对于很多人而言，别人的辱骂和表扬是有天壤之别的，但对于得道的人来讲，却没什么两样。这一节老子就以反问的形式，回答了这个问题。他说："唯之与阿，相去几何？善之与恶，相去何若？"什么意思呢？"唯"可不是唯一、只有的意思，而是答应的意思，就像下级对上级、晚辈对长辈的答应和认可，显得特别尊重、恭敬；"阿"是嗯的意思，显得有些随意、敷衍①的样子。当你们问大人一些问题，而大人不想回答时，他们会若无其事地"嗯"一声，敷衍一下。在很多人看来，虽然这是截然不同的两种态度，老子却说它们其实没什么区别。

---

① 敷衍（fū·yǎn）：做事不负责任或待人不恳切，只做表面上的应付。

为什么呢？因为别人什么态度，是别人的事，圣人不在乎这些，圣人只在乎做好自己；而且，不管是对他的认可和尊重，还是对他的轻视和敷衍，都会很快过去。我们前面也讲了，一切都在变化着，昨天喜欢你的人，今天可能就不喜欢你了；昨天认可你的人，今天也可能不认可你了；昨天看不起你的人，今天可能突然尊重你了。不仅一切都在变化着，而且一切都在成为过去，一切也都会过去，所以，没有必要去在乎别人的态度。圣人只在乎当下自己做的事。

　　善与恶也是这样。狼妈妈叼了一只小羊，去喂它的宝宝，这对羊妈妈来说显然是恶的，因为狼妈妈的行为让羊妈妈失去了自己的宝宝。但对狼宝宝来说，狼妈妈真是太好了，它就是世界上最好的妈妈，它们可以不用饿肚子了。这就是角度不同造成的对善恶的不同看法。善恶与好坏也会相互转化。比如，一个惯于盗窃的人，有

一天遇到一个好人后，受到好人的熏染，金盆洗手并开始帮助别人；有一个人中了五百万的彩票大奖，这本是好事，但因为兴奋过度，他心脏一下子承受不住，突然停止了跳动，于是，他中五百万彩票大奖的好事，就变成了悲剧。在我们的生活中，这样的事情有很多，这就是一件事物好坏相互之间转化的结果。所有的善恶好坏，只对同一个价值体系的人有意义，除了一些客观的东西，如法律条款等，很多东西只是各人的说法，没有固定的标准，也没有绝对的对错。所以，我们要用一种相对的思维来看待问题、分析问题。

那么，既然善恶、好坏在圣人眼里没什么区别，那圣人是不是就对包括人言在内的一切事物，都不害怕不在乎了呢？不是的。这里的畏不仅仅是害怕，更多的是对世人和世俗的尊重。圣人尊重世间一切规则，他不会标新立异，更不会远离世界。

你们一定要相信，真正得道的人，都是拥有一颗平常心的人。他永远像平凡人那样活着，他不追求表面上的东西，也不愿意让自己和别人不一样，永远和光同尘。混在人群中，他就是最不起眼的那一个。得道之后的老子也是这样，他感受到了一个广袤[1]无垠[2]的大世界，那个世界是无边的，好像没有尽头。他想把这个世界呈现给人们，但怎么说也说不清，怎么说也说不全面，于是他孤独了两千多年。

我相信，你们只要好好学习，用心去悟，去体会，就一定会明白老子的思想。

---

① 广袤（guǎngmào）：广阔；宽广。
② 无垠（wúyín）：没有边际。

2. 淡泊如不懂事的婴儿

众人熙熙，如享太牢，如春登台。我独泊兮，其未兆；如婴儿之未孩，儽儽兮，若无所归。

设想一下，用一根筷子，我们能探测到大海的深度吗？答案当然是不能。对于老子的《道德经》，我们不能理解，是因为我们没有达到圣人的那种境界。但我们可以通过自己的心一点点感知，通过阅读慢慢地靠近，即使暂时有许多地方不理解，也不要紧。只是我们要相信，这是老子感知到的比我们这个世界更博大、更鲜活的一个世界，总有一天，我们也会明白它。

几年前，我到西藏考察时，曾参加过一个插箭节，现场人很多，非常热闹。大家都很兴奋，陶醉在狂欢之中，而我的心中，却依然是一片宁静的海面，没有澎湃的激情，也没有过度的兴奋，一切都是淡淡的。有人问我为什么，老子的这段话，就回答了这个问题。当我得知我的恩师雷达老师去世时，我正在家乡举办新书签售活动，而那是我阔别家乡十多年来，第一次在家乡举办活动。我的身边虽然熙熙攘攘，但我心中，同样是一片宁静的大海。这说明了什么呢？我的心永远属于我自己，我永远在自己的世界里。我不会因为身边喧嚣热闹，自己就跟着疯狂；更不会因为恩师的离去，就悲伤得不能自已。虽然我也会悲，但却只有悲没有伤。

老子是怎么说的呢？他说，人们熙熙攘攘的都非常高兴，就像要去参加盛大的宴席一样，也像在春天里登台眺望美景一样。这里的"太牢"是古时候天子才能享用的祭祀，也就是最好的一种供养，在这里指盛大庄重的宴席。尽管是这样，在众人欢喜鼓舞的时候，而"我"仍是很淡然，就像还不会笑的婴儿一样。

想必你们又疑惑了吧？别人都在狂欢，我却在冷静地旁观；别人都很开心，我却是一脸宁静。其实，这正是得道者的一个特征：不管世界如何热闹，不管别人如何高兴，他都是那样宁静，待在自己的世界里，像一个不懂事的孩子。那为什么会这样呢？因为得道的人是没有分别心的，在他看来，也没有什么热闹不热闹，狂欢不狂欢。因为所有的一切，都在很快地成为过去，都在变化着，所以，他不在乎心外的一切。

我出版过不少书，读者很多，反响也都很好。但我仍然会听到一些骂声，而我不在乎。为什么呢？因为在我心里，骂和赞美是一样的，说到底，都是人家在关注着我，关心着我。所以我常说，骂也是一种传播。

接下来，老子还讲了大智若愚的另一个特征，"儽儽兮，若无所归"，就是说，他整天看上去懒懒散散的，也很逍遥，就好像流浪在外没有任何牵绊，什么也不在乎的孩子一样。

3. 不敢为天下先

众人皆有余，而我独若遗。

老子说，他有三宝："一曰慈，二曰俭，三曰不敢为天下先。"可见他特别会做人。为什么他特别会做人？因为他从不出头，从不招人嫉妒，从不惹人家不开心，永远跟别人差不多，甚至比别人更退后、更低调。

"众人皆有余，而我独若遗"，大家都才华横溢，显得非常富足，我却像被人遗忘、丢弃了一样。他总是让别人开开心心，自己像个没有家的孩子那样游荡。

这是大智若愚的一个很重要的特征：不喜欢出风头，宁愿躲在角落里，被人遗忘。因为，他知道很多东西都没有意义，反而很麻烦，不如静静地待着，静静地享受宁静和快乐，做些本分中的事情。得道者是不怕被人遗忘的。

有一次，我在一个朋友家里的墙上看到一幅书法："避人得自在，入世一无能。"避开别人，得到自在，进入世界，也显不出一点能耐。这跟老子这段话的含意非常相似。一定注意，这是一种大智慧。

大家一定要明白，能做事的人，都是这样的，不起眼，不招人嫉妒，非常憨厚，让大家都很舒服，大家都能接纳，什么都是别人好，这种人才能做成大事。

为什么"众人皆有余，而我独若遗"？"独若遗"后做什么？做事。他宁愿身边的人都显得很优秀，不可替代，只有他自己被人遗忘。因为，他被人遗忘了，没有人干扰他，他就可以静静地做事了。

这一章太重要了，老子讲出了一个非常微妙但很重要的做事之道。

在老子的时代，没有多少人知道他，他很不起眼。若他没有出函谷关，尹喜没有强烈要求他写本著作，人们也许永远不知道他的存在。到了今天，老子学说是世界上影响极大的思想之一，他影响了一大批很了不起的哲学家、思想家、文学家，比如我经常谈到的哲学家海德格尔和文学家托尔斯泰。

4. 我本愚人，而贵食母

> 我愚人之心也哉！沌沌兮。俗人昭昭，我独昏昏。俗人察察，我独闷闷。澹兮其若海；飂兮若无止。众人皆有以，而我独顽且鄙。我独异于人，而贵食母。

老子算得上是天下最有智慧的人了，但他一点也不自傲。相反，他总是觉得自己是个愚蠢的人，有一颗愚蠢的心。

你们也许会想，一定是老子故作谦虚吧！当然不是。老子真是这样想的，因为他是老子呀。在我们西部，有一句俗语叫"满瓶子不响，半瓶子晃荡"，说的就是真正有智慧有学问的人，总是很谦虚，很低调，觉得自己懂得不够多，做得不够好；而整天张牙舞爪的那些人，其实是没什么真本事的。你们见过成熟的麦穗吗？成熟了的麦穗总是沉甸甸地低下头，而把头扬得很高的麦穗一定是还没有成熟的。为什么智者总是觉得自己愚蠢，什么都不懂呢？那是因为他知道世界的浩瀚①、宇宙的无边。

---

① 浩瀚（hàohàn）：形容广大或繁多。

在这一节中，老子特意解释了自己为什么是个愚人。他说，众人都很聪明，显得很有智慧，就我是个愚蠢的老头，看上去昏昧无比。众人眼观八方，明察秋毫，只有我糊糊涂涂，像个傻子一样。

真的是这样吗？当然不是了。不过是老子不愿精明地活着罢了。他不是不会，而是不愿那样活着。活得太精明的人，也许会一时得意，但往往也会招来不祥。《红楼梦》中，王熙凤是个颇厉害的女人。最后，她的死就与风光时候的精明有关，她借刀杀人、放高利贷等，做了很多坏事。

我常说，做人不要太聪明，要傻一点，遇事要糊涂一点，因为没有人会喜欢一个过于精明的人。给你们讲个《三国演义》里的故事。这个故事的主人公叫杨修。他就很聪明，曹操有什么心思，都逃不过他的眼睛。有一次，曹操视察相国府的修建工程，那门有些宽了，他就顺手在门上写了个"活"字。杨修一看，马上叫人把门拆掉了，修窄了些。又有一次，曹操在他很爱吃的酥点盒上写了"一合酥"三个字。杨修看见，就打开盒子，与众将领分吃了那盒酥。事后，曹操查问下来，杨修说："盒上写着'一人一口酥'，我们不敢违背丞相命令，就分吃了。"曹操心中不快，却也无话可说。

最典型的，还有个关于"鸡肋"的故事：当时，曹操在跟刘备打仗，打到进也不是，退也不是的时候，曹操下了个"鸡肋"的口令，大家都不知道是什么意思时，只有杨修明白："哦，这是丞相想退兵了。"别人问他为什么，他说："现在的局面就像鸡肋，食之无味，弃之可惜，不如退兵。"你们想想，这样的一个人留在身边，谁会舒服呢？他就像一个监控器一样，始终监视着别人的一举一动，别人的每一个小心思，他都了如指掌，别人怎么能安心呢！所以，这样的人，不被除掉才怪呢。

你们要从这些前人的身上汲取教训，少走弯路，像老子倡导的那样，做一个大智若愚、难得糊涂的人。只有这样，别人才会信任你，与你愉快相处。我发现，在一个团队中，能做大事、能做成事的人，往往都很低调，他们除了原则问题，不会旗帜鲜明地把自己独立开来。他总是把自己化为泥土，成全着别人；也总

是让自己成为一片不起眼的绿叶，毫无保留地衬托着别人。

这样的人，他的胸襟像大海一般宽广，像天空一样高远；他不受概念和形式的束缚，他的心像风一样自由自在。

看到这里，你们是不是觉得老子太不一样了？他明明有大智慧，却觉得别人都有用，都不可替代，只有自己不成器。老子最大的特点是，他的这份"愚蠢"是他自己的主动选择。因为面对那么多的计较和算计，他觉得没意思极了，一切都会过去，任何人都不可能得到功德之外的任何一样东西。所以，他对一切都是顺其自然，都是全然接受。他遵循大道的规律，就像婴儿吃奶一样。这就是"我独异于人，而贵食母"的意思。

5. 化为泥土，任世人践踏

你们想想，世界上最无私的是什么呢？有人说是妈妈，因为妈妈生养了我们，还无微不至地照顾我们；也有人说是老师，因为老师像燃烧的蜡烛一样，总是无私地给我们传授知识；也有人说是秋天，因为秋天贡献出了那么多成熟的果实……当然了，每个人的心中都有自己的答案。但不可否认的是，在这个世界上，还有一种东西也是无私的，但它常常被人们忽略。

那会是什么呢？在《易经》中，有这样一句话："天行健，君子以自强不息；地势坤，君子以厚德载物。"意思是君子就像天体运行一样，永远奋发图强，力求进步；君子就像大地一样，以宽厚的德行包容万物。这里的意思，仍是低调、奉献，不要总觉得自己很了不起，知道得很多。

　　说到这里，我又想起了小时候听过的那个"盲人摸象"的故事。有一天，几个瞎子坐在一起聊天。他们说到大象，都很好奇，那到底是个什么样的东西呢？于是，就请人将他们带到了一只大象跟前。其中一个人摸到了大象的腿，就得意地说，大象像柱子；一个人摸到了大象的耳朵，就嚷嚷着说，大象像簸箕；一个人摸到了大象的身子，就说大象像一面高墙；有一个人摸到了大象的尾巴，更加得意了，说："你们说得都不对，我告诉大家吧，大象根本没有你们说的那么大，明明就像一根绳子。"你们说说，他们谁说得对呢？都对，但又都不对，因为都不全面。

　　一个人在真正明白之前，他卖弄的，都是他的主观想象和他的成见等，就像那几个摸象的瞎子一样。他们总想把自己知道的

一些东西告诉别人，想让别人接受他的东西，但他却不知道，那并不是真正的智慧。你们别看我现在能给你们这样滔滔不绝地讲，显得我有多厉害似的，其实，在读懂老子之前，我也有过困惑，走过一些弯路。正是在那一天天的"走"中，我慢慢地用心悟到一些东西。在我还是"愤青"的时候，我多么希望能和人交流，但我身边没有这样一个朋友，即使有几个可以讨论问题的人，我张口就表达我独特的观点，总想说服别人。最后，他们一个个都走了，为什么呢？就是因为我不懂老子这种大智若愚的智慧，还总是觉得自己懂得多。现在不一样了，我会向所有人和所有的事物学习。

有个朋友问我，他该如何处世？我说："你只管把自己变成尘埃，让人踩入泥土；永远不要觉得自己有多了不起，永远甘于处在最底层、最遭人践踏的地步；只管保持一颗婴儿一样的心，简简单单，顺应自然，又有无穷的智慧。当你到了这一步时，世人就伤害不了你。"

圣人永远在大道的背景下观察世界，他知道这个世界的绝对真理——变化，所以他从不在乎那些不值得在乎的事物，不会斤斤计较于个人得失，更不会在乎世人对他的评价。他觉得受点委屈没什么，被人误会也没什么，他只做自己该做的事。

第二十一章

不可说的"恍惚"

孔德之容,惟道是从。道之为物,惟恍惟惚。惚兮恍兮,其中有象;恍兮惚兮,其中有物;窈兮冥兮,其中有精。其精甚真,其中有信。自古及今,其名不去,以阅众甫。吾何以知众甫之状哉?以此。

学到这里，《雪漠说老子——让孩子爱上〈道德经〉》第一辑马上就要讲完了，你们有什么心得体会呢？有没有觉得，我们是在老子的指引下攀登一座座高峰呢？是不是还会觉得攀得越高越吃力，但看到的景象也越辽阔呢？这一章中，老子又讲了道体。

他说，最高明、最完美的道德，是以道为本体追求的。他还说了他证道后的许多体验，那是无执无舍恍恍惚惚中的清明空灵。他说，大德的形态，是由道所决定的。而这个"道"，没有清楚而固定的实体。

那么，道是个什么东西呢？虽然老子在一开始说了什么是道，现在，他又讲了"道之为物，惟恍惟惚"，这句话翻译成白话文，意思就是：道是客观存在的一种恍恍惚惚的境界，那种境界捉摸不定，把握不住，似有似无，难以捕捉。"惚兮恍兮，其中有象；恍兮惚兮，其中有物；窈兮冥兮，其中有精。其精甚真，其中有信"，这是道的一些特点：说它恍惚不定呢，但在其中又有形象；说它似有似无呢，那里又有具体的实物；它深远而幽暗，但又有精微的物质，而且，这种精微的物质是真实存在的，也是可以验证的。

你们要注意了，这里说的"窈兮冥兮"的精微物质，在很长一段时间里，是不被人所认知的。但不被认知不一定就不存在。在大自然面前，我们人类的认知实在是太有限了。我虽然是个作家，但我多年来一直很关注医学和生命科学。我觉得现代医学忽视了人的生理之外的另一种能够干涉人体健康的力量。你们如果觉得不好理解，就想想，为什么同一种病、同一种治法，有的人能治好，但有的人就治不好呢？为什么有些人生病之后可以自愈，有些人却不能呢？这些都是未知数，是未来研究需要突破的领域。

接下来，老子还告诉我们，从远古到今天，道一直没有消失过，依据它，才能研究万物的初始。而我们如何能知道万物的起源呢？正是对道的认识呀。老子是多么诚实的人哪，他把一切都告诉了后人。

《道德经》流传至今两千多年了，在这么漫长的岁月中，后人对老子的本意有歪曲，是在所难免的。有些是因为个人的智慧和境界不高造成的，而有些则是因为整个文化背景的变化。比如，在这一章中说到的"恍惚"。

今天，我们说的"恍惚"，大意是神志不清，或是记得、看得、听得不清楚或不真切。我妈妈对于一些记不清的事，就会说："哦，我恍惚了。"但在老子那个时代，可不是这个意思。大家都知道，我们的汉字不同于其他国家的文字，因为汉字是表意的，通过字的形象，就能大概判断它的意思。在中国汉字里面，所有竖心旁的字都跟心有关，也就是跟心性有关，"恍"和"惚"也不例外。

其中，"恍"是竖心旁加一个光，指的是心中有光、心光焕发。注意，心光焕发、心中有了光明，就叫"恍"。大家常说"恍然大悟"，这个"恍"也是心光焕发的意思。那么"惚"呢？"惚"是竖心旁加一个忽，"忽"又是勿下面一个心。后面的心可以理解为心或者念头，那么竖心旁加勿再加心，就是没有自己的心，或者心中没有念头了。心中无念的状态，就叫"惚"。这两个字的本意就是这样的。比如我们现在说："哦，我恍惚了一下。"这个恍惚虽然不是老子的恍惚，但它也是没有念头的意思。

　　需要强调的是，老子是圣人，他的很多表述，都反映了他的境界，是他对道的亲身体验。老子证到的是道的本体，是真正的大道，不是小术。

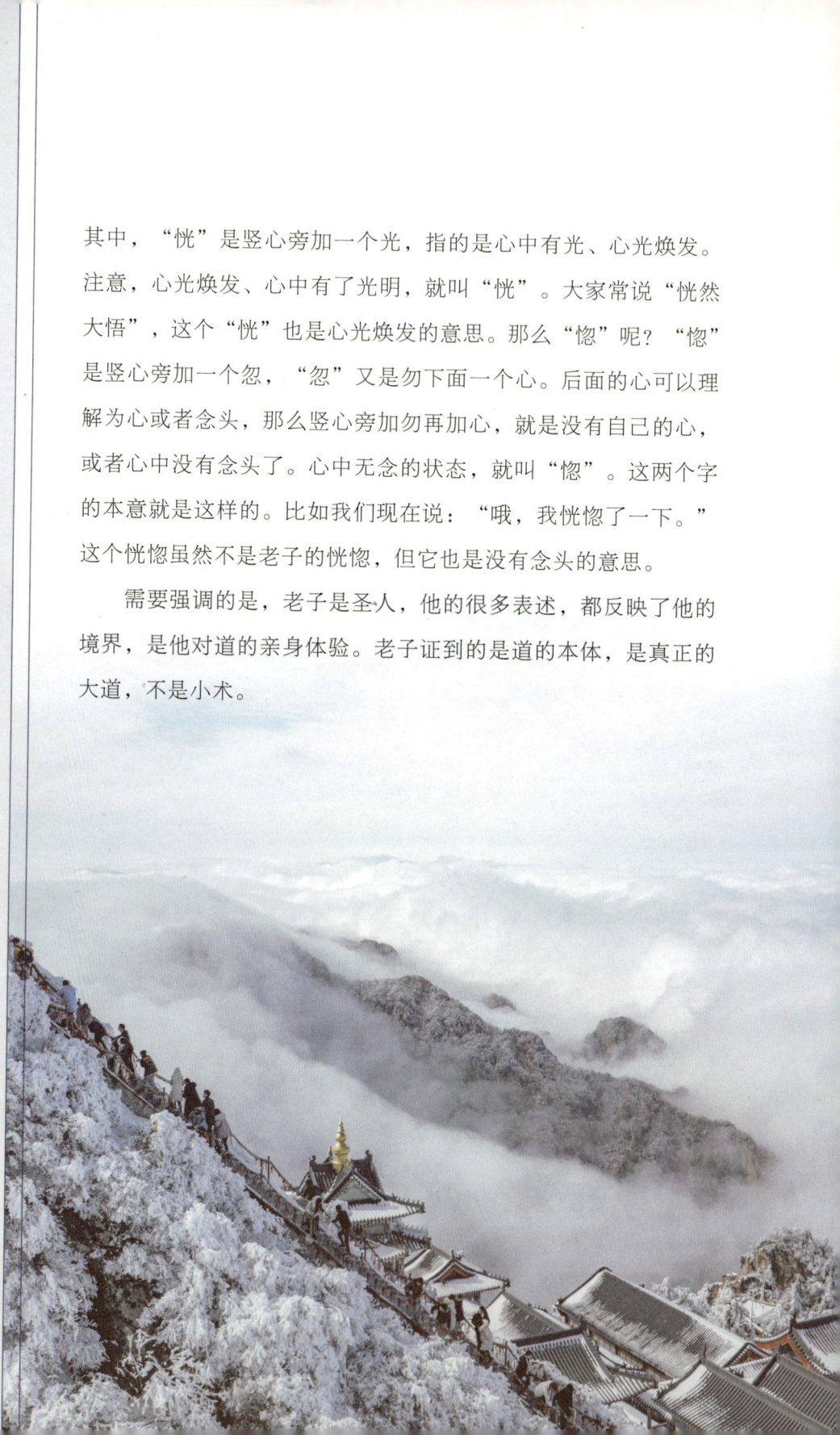

最美的人生答卷

　　《道德经》还没讲完，书已经出版了第一辑。对我来说，这还是第一次。想说的话还有很多，我会一点点写在接下来的书里。其中有一句话，我在这本书中说过，下本书我也许仍然会说，下下本书或许还是会说。为什么？因为，这句话太重要了，却往往被人遗忘。

　　那么，我要说的到底是哪句话呢？

　　"研究文化最大的意义在于学以致用。如果不能学以致用，文化的意义就很有限。"

　　"很有限"的意思是，它毕竟还是有意义的，我们不能忽略有些学者和文化爱好者付出的努力，也不能忽略文化给人心带来的美好感受。在这个经济快速发展的社会，这种感受就像一桌肉菜旁边的好茶——你吃了过多的肉，正嫌油腻，别人给你倒了一杯好茶，你品了一口，清冽的茶香弥漫开来，化解了你生命中沉积的重浊。老子的智慧如茶汤，它没有慷慨激昂、让你热血沸腾的味道，总是淡淡的，使你心中的世界像被笼罩在雾里，有一种朦朦胧胧的美，你的生命也变得轻灵飘逸了。因为，让你沉重的东西消失了，你的愁绪飘散了。

但是，这种感觉不管多么美好、多么清新，也仅仅是感觉而已，是会消失的。你接触它时，会觉得世界变得很美，你发现了一种你经常忽略的美。但是，当你回到纷繁的世俗之中，经历各种各样的事情，与各种各样的人相遇，你就又会丢掉那种感觉，会忘记你曾经发现的美好。这时，眼前的人不美了，眼前的世界也不美了，一切又变成了你过去所认为的样子。

为什么会这样？

因为你没有学以致用。你把文化当成一朵美丽的鲜花，当你品味它的清香，欣赏它的美丽时，你便有了一份好心情，觉得云淡风轻。但是，当你转身离去，这朵花——文化——就从你的世界里消

失了，跟你再也没有关系。这时，多好的智慧、多高的觉悟，都对你的生命起不了作用，文化只是一朵盛开在你心外的"花"。

现在，很多人接触传统文化都像走马观花，他们不会把这朵花种在心里，不会把它的美变成自己的东西，让自己的心里也盛开一朵花。所以，他们永远只是"路过"而已。包括很多学者和文化爱好者，他们不管使出多大的力气研究那朵花，对它有多么熟悉，他们的生命都不可能散发出花的芬芳。

所以，我每次展示东方哲学、传统文化的精髓时，都会强调，它只对真正实践的人有用。这种作用，也许不会在短时间内体现，但它会像一粒小小的种子，在你的生命中生根发芽，总有一天，它会完全地绽放，让你的生命散发出一种独有的香气。

我希望，读到这本书的朋友也能在心田上种下文化的种子，最终让它香飘四溢。

不要走马观花地了解老子的智慧，要把它运用在你的生命里，让它解决你人生的难题，让你的心变得豁达一些、广阔一些，在充满欲望的世界里，发现一种不一样的东西。在这个充满喧嚣的、繁忙的社会里，拥有一个属于你自己的、自由的、安宁的心灵空间，永远做自己的主人，拥有自己的灵魂，并且忠于自己的灵魂。

我讲《道德经》，最重要的目的就在于此。

文天祥从容就义时，留下了一篇赞文。文中写道，孔子说成仁，孟子说取义，只要忠义至尽，仁也就做到了。读圣贤之书，所学的究竟是什么呢？是圣贤的活法。我们要让圣贤的活法指导自己的生命，将一种信念贯彻一生，让自己的灵魂有支点，让这个支点支撑整个生命，让自己的生命有所守候。文天祥因舍身取义而问心无愧。这就是古代哲人的气度。在名利诱惑和苟且偷生面前，他们可以坦然地选择死亡、接受死亡、面对死亡。在他们心里，能够真正将一种精神坚守一生，也就如愿以偿了。在今天这个时代，还有多少人有这样的气度呢？

有些人觉得，传播这种美好是一种幸福，但事实上，承载这种美好才是最大的幸福。这时，你不但是美好的享用者，还是美好的创造者。

面对生命的叩问，文天祥最好的答卷是他自己；老子、庄子最好的答卷也是他们自己。在未来的某一天，我最好的答卷肯定也是我自己。

你的最好的答卷是你自己吗？如果是的话，你就能看到另一种风景，你对生命也会有另一种看法。

我所说的"另一种"，就是跟一般人不一样的意思。它是你的世界观，是你的思维模式，是一种深深根植于你生命的程序。当你的生命发生了脱胎换骨的变化，将圣贤智慧融入你的血液，变成你生命的本能时，你才有可能妙用它。

我写过一本书，叫《深夜的蚕豆声》，其中有一段对话大概是这样的：西部人的独特之处，是表现在他们的起心动念之间的。比如，老顺很穷，但他知道了巴基斯坦人向他买鹰，是为了让鹰去运毒的时候，就毅然决然地把钱退还给他们，还协助公安粉碎了毒贩的阴谋。他认为这是理所当然的，自己就该这么做，他没有什么理念，也没有什么主张，也没啥贯彻一生的信念。但他的生命里，有属于自己的一种程序，这就是文化。这文化，已成为老顺的生命本能。

面对老子的智慧时，也要融会贯通，活学活用。

我之所以讲《道德经》，就是想保存一种属于我自己的解读。

我希望更多的朋友能用自己的方式解读老子，真正学会妙用老子的智慧。同时，也希望更多的朋友能改善自己的人生，在生命落幕的那一刻，能够交出一份相对完美的人生答卷。

其余的话，我会在后面的《雪漠说老子：让孩子爱上〈道德经〉》第二辑、第三辑、第四辑中奉献给读者。

——2016 年 11 月 5 日定稿于青岛雪漠书院